文庫

世界制作の方法

ネルソン・グッドマン
菅野盾樹 訳

筑摩書房

水彩画で世界を制作する
K. S. G. に捧げる

目次

第六章　事実の作製

第七章　レンダリングの正しさについて

世界制作の方法

日本の読者へ

本書が日本の読者に読めるようになったことを、私はうれしく思っている。さまざまな世界で職人の技が果たす役割を本書が多とし、また藝術と科学が、理解の様式としては同類だし平等だと認めているのをみて、ことによると日本の読者は、自分の態度や暮らし方に近いものを本書に見出すかもしれない。

ネルソン・グッドマン

まえがき

本書は、初めから終りまで、平坦な道を走るわけではない。本書は狩りをする。そしてこの狩りでは、ときどき別々の木に住むおなじアライグマを攻撃したり、おなじ木に住む別々のアライグマを攻撃したりする。かと思えば、攻撃したものが、木に住むアライグマなどでは全然ないことが分ることさえある。一度ならず、おなじ障害物で足踏みをしたり、別の足跡を追って道を踏みはずしたのに気づくこともある。しばしばおなじ流れにのどを潤し、苛酷な土地をよろめきながら進む。そして、本書が数え上げるのは、獲物ではなく、踏査したテリトリーから学んだことなのである。

私が連続講義をするよう招請されたことをきっかけに、一冊の本に取り組んだのは、これで三度目である。ロンドン大学での特殊講義は『事実・虚構・予言』にまとめられ、オックスフォード大学でおこなったジョン・ロック講義は『藝術の言語』となった。さらに、スタンフォード大学における最初のイマヌエル・カント講義が本書を生むはずみとなり、終わりの四章の土台をなしたのである。もっとも、終章のほとんどは新たに書き下ろした。第一章はエルンスト・カッシーラー〔新カント派の哲学者。ハンブルク大学学長となるがユダヤ系のためナチスを逃れて亡命し、最後はニューヨークで没した。一八七四―一九四五〕生誕百年記念祭のおり、ハンブルク大学で読み上げられた。最初の四章は別々の論文として既に発表したものである。

いつものことながら、私が助力をあおいだ方々のリストは書ききれないほど長いので、ここでその名をあげられるのは、以下の人々にすぎない。スタンフォード大学ならびに同大学哲学科のスタッフ、とりわけパトリック・スッピス。同僚のイズリアル・シェフラー、W・V・クワイン、ヒラリー・パットナム。そして私の主宰するプロジェクト・ゼロ〔藝術教育のための基礎的研究を目的とする〕の仲間である、ポール・コラーズとヴァーノン・ハワード、以上の人々である。

七つの章は七年ほどにわたり執筆されたり、書き直されたりしたものである。したがってそれらは、段を追った論証の体をなしてはおらず、むしろしばしば繰り返される主題に基づいた変奏である。それゆえ反復は避けられないが、どうか大目に見ていただきたい。学生や私の哲学を批評する者と交わった経験からしても、私は繰り返しが不要だと確信するにはいたっていない。首尾が一貫しない議論は、繰り返しにくらべ大目に見るわけにはゆかないが、そんな箇所はきっと少ないと、私は思う。議論の明らかに不備な箇所は、批評家の指摘にゆだねたい。

合理論や経験論とは折り合いの悪い本、唯物論や観念論や二元論とも、本質主義や実存主義とも、機械論や生気論とも、神秘主義や科学主義とも、その他の熱心に唱えられるほとんどの教義のいずれとも折り合いの悪い本に、ぴったりするような哲学の分類名はあまりない。ここに現れるものは、こう言ってよければ、厳格な制限にゆだねられた根本的相対主義であると述べることができよう。それは、結果的には、非実在論と似たものになるのである。

にもかかわらず、私は本書が近代哲学の主流に属すると考えている。この流れは、カントが世界の構造に代えるに心の構造をもってしたときに始まり、C・I・ルイス〔アメリカの論理学者・哲学者、ハーヴァード大学で教えた。一八八三―一九六四〕が心の構造を概念の構造に代えたとき継承された。そして今、この流れは、概念の構造を科学、哲学、藝術、知覚、そして日常談話といったいくつもの記号系（記号システム）の構造に置き換える仕事にあたっている。この動きは、唯一の真理と、不易で単に発見されるにすぎない世界を後にして、制作されつつある、多数の、正しい、衝突さえするヴァージョンないし世界へと向かうのである。

ハーヴァード大学

本書で使われる略号は次のとおりである。

SA　『現象の構造』第三版、*The Structure of Appearance*, D. Reidel Publishing Co., 1977（初め一九五一年に刊行された）;

FFF　『事実・虚構・予言』第三版、*Fact, Fiction, and Forecast*, Hackett Publishing Co., 1977（初め一九五四年に刊行）;

LA　『藝術の言語』第二版、*Languages of Art*, Hackett Publishing Co., 1976（初め一九六八年に刊行）;

PP　『問題と企画』*Problems and Projects*, Hackett Publishing Co., 1972.

初めの四章は以下のとおり別個に公表された。
"Words, Works, Worlds" in *Erkenntnis*, volume 9, 1975;
"The Status of Style" in *Critical Inquiry*, volume 1, 1975;
"Some Questions Concerning Quotation" in *The Monist*, volume 58, 1974;
"When Is Art?" in *The Arts and Cognition*, The Johns Hopkins University Press, 1977.

多数の編集者ならびに出版社諸氏の協力に謝意を表したい。

第一章　言葉、作品、世界

1　いくつかの問い

記号を使って無から無数の世界が作られる――エルンスト・カッシーラーの仕事の主だったテーマを、皮肉屋なら、一口にこう要約するかもしれない。これらのテーマ――世界が多数存在すること、「与件」とは見かけにすぎないこと、理解という創造的な力、記号の多様性とその造形の働き――これらは、私自身の思想にも欠くことができない要素である。しかしこれらのテーマをカッシーラーがどんなに雄弁に説きつづけてきたかを、[1]ときおり私は忘れている。それはひとつにはおそらく、彼が神話へ力点を置いたこと、文化の比較研究への彼の関心、そして人間精神についての彼の話などが、神秘をもてはやす蒙昧主義、反知性的直観主義、もしくは反科学的人間中心主義へとむかう現今の風潮と、誤って結びつけられてきたからだろう。実際にはこれらの主義主張は、私が目指す、懐疑的、分析的、構成主義的定位にとってと同じくらい、カッシーラーにとっても異質なものなのである。

これからする議論での私の狙いは、カッシーラーと私が共有するいくつかのテーゼを擁護することではなく、それらが提起する重大な問いを精細に検討することである。多くの世界があるというのは、正確にはどういう意味でなのか。本物の世界をいつわりの世界から区別するものは何なのか。世界は何から作られているのか。世界はどのようにして作られるのか。その制作にさいして記号はどのような役割をはたしているのか。さらに、世界制作は知識とどのように関連しているのか。これらの問いを正面から取り上げなくてはならない。たとえ、完全無欠で最終的な答がはるか先にあるとしても。

2　ヴァージョンとヴィジョン

ウィリアム・ジェームズ〔アメリカの哲学者、心理学者。プラグマティズムの代表者の一人。一八四二―一九一〇〕がつけた『多元的宇宙』というどっちつかずの標題に暗示されているように〔*A Pluralistic Univers* が示しているように、不定冠詞がついたひとつの「宇宙」（＝ひとつにされたもの）が同時に「多元的」であるということ〕、一元論と多元論の係争点は、いざ分析する段になると消失してしまう傾向がある。ただひとつの世界しかないとしても、そこには多くのたがいに対立する側面が含まれている。多くの世界があるとしても、それらすべてを集めたものはひとつである。唯一の世界を多と解することができるし、多くの世界を一と解することもできる。一か多かは解し方によるのである。[2]

ではなぜカッシーラーは世界の多数性を強調するのだろう。多くの世界が存在するということには、どんな重要な、しかもしばしば看過される意味があるのだろうか。ここでの問いは、多くのわが同時代人たち、とりわけディズニーランド近辺の人びと（カリフォルニア大学ロサンジェルス校で教えるカプラン等可能世界意味論を展開した哲学者たちのことか）が作ったり操作するのに忙しい可能世界についての問いではないということを、はっきりさせておこう。われわれは唯一の現実世界に代わりうる多数の可能世界についてではなく、多数の現実世界について語っているのである。ここから生じるひとつの問題は「実在の」、「実在しない」、「虚構の」、「可能な」といった用語をどう解釈するかということである。

まずはじめに、等しく真ではあるがたがいに相容れない言明「太陽はつねに動いている」と「太陽は決して動かない」とを考えてみよう。それでは、これらの言明は異なる世界を記述すると言うべきなのか。そして実際、こうしたたがいに相容れない真理があるのと同じ数だけ世界があると言うべきなのだろうか。むしろわれわれは二組の語の連なりを、それだけで真理値をもった完全な言明ではなく、「座標系Aのもとでは、太陽はつねに動いている」とか「座標系Bのもとでは、太陽は決して動かない」のような言明——同一の世界についてともに真でありうる言明——の省略形とみなしたい気持ちにかたむく。けれども座標系は、記述されたものにではなく、記述の体系に属するのではないだろうか。だとすると、二つの言明のおのおのは、記述されたものを、そのような体系に関係づけるのである。私が世界について尋ねるなら、あなたは、ある座標系のもとでは世界はこうであるとか、また別の座標系のもとではこうなっているとか、私に説明してくれるだろう。しかしもし私が、あらゆる座標系から離れて世界はどのようかを語ってもらいたいと迫ったら、あなたは何と言えるだろうか。記述されたものが何であれ、われわれはそれを記述する方法に縛られている。われわれの宇宙はいわばこれらの方法から成るのであって、ひとつにせよ複数にせよ、世界から成るのではない。

運動を記述するにはたがいに代替できるいくつかの仕方、つまりすべてほぼ同じ用語で記され、たがいに決まりきったやり方で変換できるいくつもの記述がある。だが、これらの記述は単に、世界を叙述するのには多くのやり方があるという事実の、些末で、いくぶんさえない例を提供するにすぎない。はるかに印象的なことは、いろいろな科学として、またさまざまな画家や作家の作品として結実した、ヴァージョンやヴィジョンが、はなはだ多種多彩であるという事実だ。また、これらの作品、環境、われわれ自身の洞察、関心、過去の経験などによって形成されたわれわれの知覚にも、ヴァージョンとヴィジョンの非常な多様性がみとめられる。ここで架空の、あるいは疑わしいヴァージョンをすべて除外したとしても、残りのヴァージョンがまた新たにさまざまな格差を示すのである。ここには座標系を要素とするきちんとした集合などはないし、（科学に話を限っても）物理学、生物学、心理学をたがいに変換するための既成の規則などもない。また、これら科学のどれかをファン・ゴッホ〔オランダ出身の後期印象派の画家。一八五三―九〇〕のヴィジョンに変換する仕方はないし、ゴッホのヴィジョンをカナレット〔一八世紀イタリアの画家。写実的な風景画で知られる〕のヴィジョンに変換する仕方もないのである。記述ではなく描写をおこなうこの種のヴァージョンは文字通りの意味では真理値をもたず、連言詞によって結びつけることができない。二つの言明を並置することと連言として結びつけることとの違いに相当するものが、二枚の絵画のあいだに、あるいは絵画と言明のあいだにあるかどうかは明らかではない。世界にかんする劇的なまでに対照的なヴァージョンは、言うまでもないが、相対化することができる。すなわち、一定の体系（システム）のもとで――しかじかの科学、しかじかの藝術家、しかじかの知覚者と状況にとって、おのおのが正しいのである。ここで再びわれわれは、「世界」（the world）を記述ないし描写することから、記述や描写について語ることへ注意を向け変えることになる。しかし今度は、問題とされたシステム間で翻訳が可能だという慰めさえ無くなるし、当面するいくつものシステムを編成するはっきりした組織なども無くなってしまう。

それにしても、正しいヴァージョンはまさに世界に適用されるという点で、誤ったヴァージョンとはちがうのではないか、このようにして正しさそのものが世界に依存し、世界を含意するのではないか。しかしむしろ、「世界」が正しさに依存するのだと言う方がいいだろう。あるヴァージョンを、記述も、描写も、知覚もされない世界との比較によって検証《テスト》するのは不可能である。ヴァージョンの検証は、あとで私が論ずるような、これとはちがうやり方でのみなされる。「世界」とはおそらくあらゆる正しいヴァージョンが記述するところのものだろう。だから、どんなヴァージョンが正しいかを決定することは「世界について学ぶこと」だといえよう。ところが、われわれが世界について学ぶことは、その正しいヴァージョンのうちにすべて含まれているのである。これらのヴァージョンを払拭した、基底に横たわる世界なるものを、そうしたものが好きな人びとに対してわざわざ否定するには及ばない。だが、それはおそらくは、跡形もなく失われた世界(ローティの論文への示唆、注(3)参照)であろう。ある目的のために、ヴァージョンをグループ別に分けるひとつの関係を定義したいと思うことがあるかもしれない。それは各グループがひとつの世界を構成し、そのグループの要素がこの世界のヴァージョンに相当するような分類の仕方である。しかし多くの目的にとって、正しい世界の記述、正しい世界の描写、正しい世界の知覚——これらの正しい世界の様態《ありさま》、つまりまさに正しいヴァージョンを、われわれの世界として扱え

るのである。(3)

数多くの異なった世界＝ヴァージョンがあるという事実にはほとんど議論の余地はないし、世界自体というものがあるとして、それはいくつあるのかという問いは、実質的に空虚である。とすると——カッシーラーや同じような考えの多元論者はそう強調するのだが——瑣末でないどのような意味で多くの世界があるのだろうか。私の考えでは、その意味はこうである。数多くの異なった世界＝ヴァージョンは、唯一の基盤へ還元できるという可能性を要求ないし前提することなく、独立の意義と重要性とをもつ。多元論者はアンチ科学であるどころか、さまざまな科学を額面通りに受け入れている。彼と敵対する者の代表格は独占的唯物論者ないし物理主義者であり、その主張によると、ひとつの体系《システム》すなわち物理学こそ卓越した、すべてを包含する体系だという。という意味は、他のあらゆるヴァージョンは結局それに還元されるか、偽もしくは無意味なものとして捨てられねばならないというのである。もしあらゆる正しいヴァージョンをとどのつまり唯一のヴァージョンに還元できるならば、そのヴァージョンは——この見方にはいささかもっともらしいところがあるのだが、(4)——唯一の世界にかんする唯一の真理とみなされるだろう。しかし、このような還元可能性には取るに足らぬ証拠しかないし、主張としても不明瞭である。というのも物理学自体、断片的で不安定な体系だし、目論まれている還元ということの本性や帰結が曖昧だからである。（コンスタブル〔一九世紀イギリスの代表的風景画家。一七七六―一八三七〕の、あるいはジェームズ・ジョイス〔アイルランド出身の小説家。一八八二―一九四一。『ユリシーズ』、『フィネガンズ・ウェーク』など奔放な言語遊戯で書かれた作品で知られる〕の世界＝ヴィジョンをどうやって物理学に還元しようというのだろう。）私は構成や還元を過小評価する者では決してない[5]。あるシステムを別のシステムへ還元できたなら、世界＝ヴァージョン間の相互関係を理解するためにかけがえのない寄与になる。しかし、正しい意味で厳密な還元はまれであって、ほとんどつねに還元は部分的なものでしかないし、たとえ厳密な還元がおこなわれることがあるにしても、それが唯一のものであることはめったにない。物理学にしろ何にしろ、何かひとつのヴァージョンへの完全かつ唯一の還元可能性を要求すれば、必ず他のほとんどのヴァージョンを捨てなくてはならない。多元論者が物理学以外のヴァージョンを受け入れることは、彼が厳密さをいい加減にするということを意味しない。それは、知覚や絵画や文学のヴァージョンで伝達されるものを評価するには、科学で適用される尺度とは異なるがそれに劣らず精確な尺度がふさわしいと、彼が認めることを意味するのである。

それぞれが正しくて、しかも対照をなし、すべてが唯一のものへ還元されるわけではない多くのヴァージョンが存在する。こうしたヴァージョンが許容されるかぎり、それらの統一は、多くのヴァージョンの下にある両価的なあるいは中立的なあるものにではなく、それらヴァージョンを包む全体の編成のうちに求められねばならない。カッシーラーは神話、宗教、言語、藝術そして科学の発達を、通文化的に研究することを通じて探究をおこなっている。私の研究方法はむしろ記号や記号システムの類型、機能の分析的研究によるものである。どちらの場合も、ただ一通りの帰結を期待すべきではない。さまざまな世界自体だけでなく、それらから成る宇宙も数多くの仕方で築かれているかもしれないのである。

3　基礎はどれだけ堅固か

世界の多数性という、カントになかった主題は、純粋な内容という概念は空虚であるというカントの主題と非常に似かよっている。一方は単一な世界をわれわれに拒み、もう一方はもろもろの世界を作っている共通の材料を否定するのだ。これらのテーゼは共に、ある鈍重なものを基底部に求めようとするわれわれの本能的要求を平然と無視し、ややもすれば、われわれを無統制の状態に置き、つじつまのあわない幻想を長びかせるおそれもある。

概念作用を欠いた知覚、純粋与件、絶対的な直接性、無垢の眼、基体としての実体――こうしたものに反対する有無を言わさぬ論証は、非常に詳しくまた繰り返し――バークリー〔アイルランドの哲学者。一六八五―一七五三〕、カント、カッシーラー、ゴンブリッチ(6)〔オーストリア出身の美術史家。一九〇九―二〇〇一〕、ブルーナー(7)〔アメリカの心理学者。一九一五―〕、その他多くの人びとによって――おおやけにされてきた。だから私がここでそれをもう一度述べるには及ぶまい。ただ一言いうなら、構造を欠いた内容、概念化されない与件、特性を欠く基体などについて語ることはおのずから破綻をきたすのである。というのも、まさにそれを語ることが構造を押しつけ、概念化をおこない、特性を付与するからだ。知覚なき概念作用はたんに空虚であるが、概念作用なき知覚は盲目である(まったく無効である)〔カント『純粋理性批判』中の命題への暗示〕。述語、絵、その他のラベル、図式は適用されぬ場合も生き残るが、内容は形式なしでは消失してしまう。世界がなくても言葉は存在できるが、言葉なり他の記号なりを欠けば世界は存在できないのである。

　世界を作っている多くの材料――物質、エネルギー、波動、現象――は、世界と一緒に作られる。しかし、何から作られるのか。どう見ても無からではない。それは他の世界から作られる。世界制作はわれわれの知るかぎり、つねに手持ちの世界から出発する。制作《メイキング》とは作り直し《リメイキング》なのだ。そのような世界という構築物の社会史または個人史の研究は、人類学や発達心理学においてこれをおこなうことができるが、世界の始まりあるいはその必然的始まりの探究は、神学にこれを委ねるのが最善である。(8)本書における私の関心はむしろ、ある世界を他の世界から構築するさいの工程《プロセス》にある。

堅固な基礎を求めたいという誤った希望が一掃され、世界なるもの（the world）がヴァージョンにすぎないさまざまな世界（worlds）に席を譲り、実体が関数へと解消され〔カッシーラーの次の著書を念頭にした発言である。E. Cassirer, Substanzbegriff und Funktionbegriff, 1910; 邦訳『実体概念と関数概念』（山本義隆訳）、みすず書房、一九七九年〕、与えられたもの（所与）とは把握されたもの（獲得物）であることが認められたあかつきに、われわれは、世界がどのようにして作られ、検証され、そして知られるのかという問いに直面する。

4　さまざまな世界制作の方法

神々もしくはその他の世界制作者にあつかましくも教授したり、包括的ないし体系だった探求を試みたりするかわりに、私は世界制作で用いられる工程のいくつかを例解し、注釈を加えたい。当面、私は特定の世界が他の特定の世界から作られるかどうかとか、いかにして作られるのかという問題より、世界間の関係の方に関心を抱いている。

(a)　合成と分解

世界制作の決してすべてではないが、その大半は、ばらすことや結びつけること、そしてしばしばこの二つを一緒におこなうことから成っている。すなわち一方で世界制作は、全体を部分に分けること、種を亜種に分けること、複合体をその成分である特徴に分析すること、さまざまな区別を引くことから成っている。そして他方、世界制作は、部分や要素や下位集合から全体や種を構成すること、特徴を結合して複合体にすること、さまざまな結合をもたらすことなどから成っている。このような合成ないし分解は、通常、ラベル——名、述語、身振り、絵など——を用いることによって実行され補助され強化される。こうして、たとえば時間的に多岐にわたる出来事がひとつの固有名のもとに集められたり、「ひとつの対象」あるいは「ひとりの人物」を作り上げるものとして同定されたりする。逆に、たとえば雪はエスキモー語の名辞を使えばいくつもの物質に分けられる。隠喩上の転移——たとえば味の述語が音に適用される場合〔例「甘いメロディー」〕——は、分類をし直して新しい適用領域を設け、それを古い領域に結びつけるという二重の再編成をもたらすだろう(*LA*: II)。

同一指定は存在者や種への編成に基づいてなされる。「同じか、それとも同じではないか」という疑問が出された場合、それへの応答はいつでも「同じとか同じではないとか言うが、同じ何が問題なのか[9]」でなければならない。異なったこれこれのものが同じしかじかのものであることもある。すなわち、われわれが言葉や他の仕方で指示あるいは表示するものが、異なる出来事ではあるが同じ対象であったり、異なる町ではあるが同じ州であったり、異なる会員ではあるが同じクラブ(あるいは異なるクラブだが同じ会員)であったり、異なるイニングだが同じ野球の試合だったりするだろう。一試合中の「インプレーのボール」〔試合進行中に使用される球のこと〕は一ダースかそれ以上のボールの時間的断片から成っているだろう。ある容器のなかみが別の容器に移されるさい恒常性が保たれる、という判断を児童に要求する心理学者は、何の恒常性が問題になっているのか――体積、深さ、形、物質の種類など、どの恒常性か――を注意深く考えなければならない[10]。ある世界における同一性ないし恒常性とは、編成された世界のなかに存在するものにかんする同一性なのである。

　複雑なパターンをなして交錯しあう雑多な存在者が、同じ世界に属することもあるだろう。別のやり方で事物をばらしたり結びつけたりするたびに、新しい世界が作られるわけではない。だが、ある世界に属するあらゆるものが必ずしも別の世界に属するわけではないという意味で、世界はたがいに異なることがある。雪という包括的概念を捉えていないエスキモーの世界は、雪の降らないサモア島人の世界からだけでなく、降雪はあるがエスキモーのおこなう区別を捉えていないニューイングランド地方の人びとの世界からも異なっている。また別の意味で、世界は実際上の必要よりむしろ理論上の必要に応じてたがいに異なるのだ。点を要素とする世界は、入れ子状に重なった大きさのクラスとしての点、あるいは、交わった一対の直線や交わった三つの平面であるような点をもつ、ホワイトヘッド〔イギリスの哲学者、数学者。一八六一―一九四七〕流の世界と同じではありえない。日常世界の点が以上のどのやり方でもひとしく巧みに定義されるという事実は、点はあらゆる世界でひと重なりの大きさや一対の直線や三つの平面と同一視されるということを意味しないのである。というのも、これらはみなたがいに異なっているからだ。別の例を出せば、最小の具象体《コンクレータ》を原子とみなす体系をそなえた世界では、性質をこれら具象体の原子的部分と認めることはできない(11)。同一指定と同様、反復も編成に相対的である。出来事を種へ分類する仕方次第で、世界は収拾がつかないほど異質なものから作られることにもなるし、あるいは、堪え難いほど単調なものにもなる。今日の実験が昨日のそれを反復するものか否かは、二つの出来事としてそれらの実験がどんなに異なっているかにかかわりなく、それらが共通の仮設を検証するかどうかによる。ジョージ・トムソン卿〔イギリスの実験物理学者。一八九二―一九七五〕がこう言うとおりである。

何か異なるものがつねに存在するものだ(……)。実験を反復するとあなた方が言う場合、その意味はつまるところ、理論によって有意的だとされた実験の特徴をすべてあなた方が反復するということなのだ。言いかえれば、あなた方は実験をその理論の一例として反復するのである(12)。

同様に、ひどく異なる二つの音楽演奏は、にもかかわらず同じ楽譜にしたがっているなら、同じ作品の演奏である。演奏に不可欠な特徴を偶然の特徴から区別するのは、表記システムにほかならない。そのようにして演奏の種（performance-kinds）が選別されるのであり、作品とはこの演奏の種にほかならないのである（*LA*, pp. 115-130）。そもそものごとは、何が同じ仕方かということ次第で、「同じ仕方で進む」か「同じ仕方で進まない」かのいずれかである。与えられた事例に適合しその前《さき》にまで及ぶ馴染みのパターン、ないしはパターンの変形として許容できるものを私が見つけたとき、ウィトゲンシュタイン〔オーストリア出身の哲学者。分析哲学の形成に影響を与えた。一八八九―一九五一〕の意味で、「今や私は続けることができる」[13]のだ。帰納するためには、ある集合をさしおいて別の集合を有意な種だとみなす必要がある。このようにしてのみ、たとえばエメラルドについてのわれわれの観察が規則性を示すのであるし、あらゆるエメラルドがミドオ色〔「ミドリ」と「アオ」を合成した色名、用語解説「投射」の項参照〕で（すなわち、ある日時以前に検査した場合にはミドリ色だが、それ以降にはアオ色で――*FFF*, pp. 72-80）はなくミドリ色であることが確証されるのである。われわれを驚嘆させる自然の斉一性にせよ、反対に、われわれを憤慨させる自然の信頼のなさにせよ、いずれもわれわれ自身が制作する世界のものなのである。

　自然が斉一であったり不斉一であったりする場合、各世界はそこに含まれる有意な種においてたがいに異なる。私が「自然な」（natural）と言わずに「有意な」（relevant）と言うのは二つの理由による。第一に、「自然な」は、生物学でいう種だけではなく音楽作品、心理学実験や機械の型式のような人為的な種をも含めるには不適切な用語である。第二に、ここで問題にしている種はどちらかというと習慣的、伝統的なものであるか、新しい目的のために考案されたものであるのに、「自然な」という用語は、何か断定的ないし心理学的な、絶対的優先を暗示するからである。

(b) 重みづけ

今しがた検討した事例であるが、これについては、ある世界の有意な種(14)が別の世界には見あたらぬという言い方もできるが、二つの世界はまったく同じクラスを持ち、ただそれが有意な種やそうでない種に別々に分類されるにすぎないと言うこともできる。そしてあとの言い方が、おそらくよいかもしれない。一方の世界に属するなにか有意な種がもう一方の世界には欠けているというより、それは有意でない種としてそこにも現存するのである。世界がたがいに相違するといっても、なかには、そこに含まれた存在者ではなくむしろ強調ないしアクセントが問題であるような相違があり、これらは存在者の相違に劣らず重要である。ちょうどある語句のすべての音節を強調することはどれひとつ強調しないことにひとしいように、すべてのクラスを有意な種だとすることは、どれも有意でないとすることにほかならない。ある世界には、さまざまな目的に役立つ多くの種が存在するだろう。しかし、目的が衝突する場合には、相容れないアクセントや対照的世界が助長されるだろうし、一定の目的にどの種が役立つかについての矛盾する考え方も、それらを助長するだろう。ミドオ色が、同じ世界のなかで、ミドリ色同様、帰納にとって有意な種であることはありえない。というのも、このようなことがもし起これば、帰納的推論を構成する決定のいくつかが、それが正しいか誤りかは別として、排除されるからである。

　強調の対照性がもっとも鮮やかな例は、美術に登場する。ドーミエ〔フランスの画家、版画家。風刺画を得意とした。一八〇八―七九〕、アングル〔フランスの新古典主義の画家。一七八〇―一八六七〕、そしてルオー〔フランスの画家。黒や赤を基調とする色彩と太い輪郭を描く重厚なタッチで知られる。一八七一―一九五八〕が描いた肖像画のあいだの相違は、その多くが、どの側面にアクセントを置くかという違いである。強調に数えられるものは、御存じのように、われわれが日頃見なれた現行の世界にある多くの特徴からは――比較的に顕著なものとは一致しているものの――ずれている。関心が変化し新しい洞察が得られるにつれて、かさばりとか輪郭とか姿勢とか光といった特徴の視覚的重みづけは変化し、昨日の標準的世界が奇妙に歪められて見えるものだ――たとえば昨日のカレンダーの写実主義的風景は、今日は厭うべき戯画となる。

　このような強調のうえの相違も、ついには公認された有意な種の相違になる。こうして、同じ人物を描いた複数の肖像画は、異なったカテゴリー図式に従って人物を配置していると見ることができる。たとえ同じエメラルドでも、ミドリ色のエメラルドとミドオ色のエメラルドはちがう種であるように、ピエロ・デルラ・フランチェスカ〔イタリアの画家。一四一五―九二〕の『キリスト』とレンブラント〔オランダの画家。一六〇六―一六九〕のそれとは、異なった種に編成された世界に属しているのだ。

ところで、藝術作品は有意な種を名づけたり記述したりするのではなく、それを藝術作品ならではの仕方で例解するのである。作品の適用領域――それが記述もしくは描写する事物――が一致する場合でさえ、それによって例示もしくは表出された特徴なり種なりは、すっかり違っていることがあるかもしれない。ふんわりとものをおおう布のデッサンは、律動的な線のパターンを例示するかもしれない。悲しみを言う語を使わず、悲しむ人物に言及しない詩も、その言い回しそのものが悲しいものでありうるし、悲しみを鋭く表出しうるのだ。一方で語り（saying）あるいは代表、他方で示し（showing）あるいは例示という区別は、主題をもたずそのかわり形式や感情（ないし感じ）をあらわす――例示する、あるいは表出する――抽象絵画、音楽、舞踊の場合にはずっと明確になる。例示や表出は外延指示とは逆の方向に――すなわち記号からそれが適用されるものへではなく、記号から記号のもつ字義的あるいは隠喩的特徴へと――進むものだが、それでもそれらは立派に記号の指示機能であり、世界制作の道具なのである。(15)

強調ないし重みづけは、有意な種と有意でない種への類別、あるいは重要な特徴と重要でない特徴への類別のような二項対立を必ずしも設けるわけではない。有意性、重要さ、効用、価値の等級づけは、しばしば二分法ではなく階層を生む。こうした各種の重みづけはまた、特別なタイプの順序づけの事例でもある。

(c) 順序づけ

そこに含まれた存在者や強調の点では異ならないもろもろの世界が、順序づけのうえで異なることがある。たとえば、構成システムが異なった世界は、存在者が派生する順序が違う。座標軸から切り離してしまえば、何が静止しているとか何が運動しているとか言えないように、構成システムをおいては何ものも原初的でも派生的でもない。しかしながら、運動と違って、派生は直接の実際的利害をほとんどともなわない。そのため、日常世界における運動にかんしては、一時的にせよまず大抵はある座標軸が採用されるけれども、派生のための基礎が採用されることはめったにない。前に言ったように、直線の対としての点をもつ世界と、点から構成された直線をもつ世界との違いは、後者が直線の内部に含まれる直線でない要素を存在者として認めるのに、前者は認めないということにある。しかし、違った言い方もできる。すなわち、派生的に順序づけられていない日常談話の世界に属する直線や点を派生的に順序づけるそのやり方において、これらの世界は異なるのだ、と言えばよい。

いろんな種類の順序づけが、知覚や実際的認知には浸透している。色の明度の標準的な順序づけは光の物理的強度の線形の増大に従っておこなわれるが、色相の標準的な順序づけは増大する波長の直線を円環状に曲げる。順序には隣接性とともに周期性が含まれる。たとえば、楽音の標準的な順序づけはピッチとオクターブによる。順序づけは状況や目的とともに変化する。異なる幾何学のもとでは図形の性質が変わるように、知覚されたパターンは異なった順序づけのもとでは変化するのである。十二音階のもとで知覚されたパターンは、伝統的な八音階のもとで知覚されたパターンとはまったく別であるし、リズムは小節の区切り方しだいなのだ。

絵を走査して得られた入力から静止像を構成する場合、あるいは時間、空間そして質の点で雑多な観察データや他の情報から、事物や都市の一まとまりにされた全体像を作り上げる場合、こうした場合にはまた別種の徹底した再順序づけが登場する。(16) 本を読むのが非常に速い人のなかには、一連の注視(それは、横組みの本の左ページを下へ進み、次に右ページを上へと進む)から、正常な語順(語の順序づけ)を作り直す者がいる。(17) また、地図や楽譜の空間的順序は、旅とか演奏の時間的系列に翻訳されるのである。

さらに、測定はすべて順序に基づいている。実際、適切な配列やグループ分けをほどこすことによってのみ、われわれは膨大な量の材料を知覚的あるいは認知的に処理することができる。ゴンブリッチは歴史的時間を十年《ディケイズ》、百年《センチュリー》、千年《ミレニア》と十進法で周期化する方式を論じている。(18) 一日の時間は二十四時間に区分され、各時間が六十分に、それがまた六十秒に区分される。こうした編成の方式についてとくに指摘しなければならない点は、この方式が「世界のうちに見出される」ものではなく、世界へと組み込まれるものであるということだ。順序づけは全体や種の構成、分解、さらにそれらの重みづけと同様、世界制作に役割を果たすのである。

(d) 削除と補充

さらに、ある世界から別の世界を制作することには、ふつう大量の除去や充塡——古い素材を実際に切り取り、新しい素材を実際に補充すること——がともなう。われわれがどれだけのものを無視しうるかには、事実上限界がない。またわれわれが実際に取り入れるものは通常暗示的な断片や手がかりから成っていて、それらには多量の補充が必要なのである。藝術家はしばしば巧みにこれを利用する。ジャコメッティ〔スイスの彫刻家、画家。一九〇一―六六〕のリトグラフは、白い紙の背景の上に、ただ頭、手、そして足だけを正確な姿勢で正確な位置にスケッチすることによって、歩く人間を完璧にあらわしている。また、キャサリン・スタージス〔アメリカの水彩画家、素描画家。グッドマンの妻であり、活動の協力者でもあった。一九〇六―九六〕の絵は、ただ一本の緊迫した線によって試合中のホッケー選手を伝えている。

見つけようと構えているもの（捜しているものあるいは期待に強く訴えるもの）こそをわれわれは見出すのだという事実、またみずからの追求を助けも妨げもしないものにはわれわれは盲目になりがちだという事実、これらの事実は日常生活ではありふれたことであって、心理学実験室でもさんざん立証されたことである。(19) 校正という骨の折れる経験や、これよりは楽しい、手品師の熟練の技《わざ》を見るという経験をするとき、われわれはどうしてもそこにあるものを見逃し、ないものを見てしまうものだ。記憶はもっと無慈悲に校訂をおこなう。二ヵ国語を自由に操れるある人物は、学習した項目の表を思い出せるが、項目がどちらの国語で表にされていたかを思い出せない。(20) そしてわれわれが実際に知覚し覚えているもののなかにさえ、みずからが現に組み立てに従事している世界の建築術に適合しえない場合は、錯覚だとか無視してよいとかいって捨てられてしまう事物がある。

科学者も日常的な事物の世界に属するたいていの存在者や出来事を、負けじとばかり思いきって捨てたり純化したりする。がその一方で彼は、乏しいデータの示唆する曲線のすきまを埋める量を生み出したり、わずかな観察を基にして精緻な構造を造り上げたりする。

このようにして彼はみずからが選んだ概念に合い、みずからの普遍法則に従う世界を建てようと奮闘するのである。

いわゆるアナログなシステムを、別々の段階《ステップ》への分割によっていわゆるディジタルなシステムに置き換えるためには、削除が必要である。たとえば十分の一度の目盛りを持つディジタル温度計を使うということは、九〇度と九〇・一度の間にある温度が識別されないということである。同様な削除は、音楽にかんして、標準的な記譜法のもとでもおこる。そこでは八音と嬰八音の間のピッチや、六四分音符と一二八分音符の間の音の持続は識別されない。他方、たとえば出席者数の記録や利益の上昇の報告のためにディジタル計器をアナログ計器に置き換えたり、ヴァイオリン奏者が楽譜から演奏する場合には、補充が施される。

だがおそらく補充のもっとも目覚しい事例が見出されるのは、運動の知覚の場合だ。知覚世界における運動は、時として物理的刺激に対する複雑で豊かな肉付けから生まれる。心理学者はつとにいわゆる「ファイ現象」を知っていた。注意深く制御された条件のもとで、二つの光点が短距離をへだて、すばやく相次いで点灯されると、見るものには通常、第一の位置から第二の位置への道に沿ってひとつの光点がとぎれずに運動するのが見える。この現象はこれだけでも注目すべきものである。当然のことだが、運動方向を第二の閃光以前に決定することはできないからだ。ところが知覚ははるかに大きな創造力をもっている。ポール・コラーズが最近示したところによると、[21]最初の刺激になる光点が円で次の光点が正方形だと、見えた運動する点は円から正方形に滑らかに変形するのだ。また二次元の図形と三次元の図形とが、たがいに変換するという現象もしばしば難なくおこるのである。さらに二つの刺激点の間に光をさえぎる壁がある場合はどうかというと、運動する点はこの障壁をよけて行く。いったいどういう理由でこうした補充がおこるかは、考察の魅力ある主題である（以下第五章参照）。

(e) 変形

いままで各種の変化を調べてきたが、その最後として、造り直しあるいは変形がある。これは観点次第で、訂正とも歪曲とも考えられるものである。物理学者は、ごく雑ででこぼこした曲線をみずからのデータすべてに合うように滑らかにする。端が内向きの矢になっている直線は長く、これと物理的長さが等しい外向きの矢は短く見えるよう、視覚は変形を加える。[22]また小さいが価値のある硬貨は、大きいが価値のない硬貨に比して大きく見える傾きがある。諷刺画家はしばしば誇張を通り越して現実の歪曲にまで進む。ピカソ〔スペインの画家。一八八一―一九七三〕はベラスケス〔スペイン、バロックの画家。一五九九―一六六〇〕の「侍女たち」から出発し、ブラームス

〔ドイツの作曲家。一八三三―九七〕はハイドン〔オーストリアの古典派の作曲家。一七三二―一八〇九〕の主題から出発して、二人とも魅力あふれる変奏〔ピカソに連作「侍女たち」、ブラームスに「ハイドンの主題による変奏曲」がある〕を作り出しているが、それは単なる変奏の域を越えて独自な天啓に達している。

といった次第で、以上が世界の作られ方である。私はその仕方が以上だけだとは言っていない。私の分類は、全部を尽していないないし整然としてもいないないし強制的でもない。上で述べた工程はしばしば組み合わせで生じるし、加えて、選ばれた例が時にはひとつ以上の見出しに同じようにぴったりとあてはまることもある。たとえばある種の変化は重みづけのやり直しとも再順序づけとも造り直しとも、あるいはこれらすべてとも考えられるし、ある種の削除は合成するやり方の相違の問題でもある。私が試みたのは、不断に使用される多種多様な工程のいくつかを示唆することに尽きる。その気になれば、より緻密な体系化をおしすすめることがもちろん可能かもしれない。しかしどんな体系化も究極的なものとはいえない。というのも前に注意したように、唯一の世界が存在しないように、さまざまな世界から成る唯一の世界も存在しないからである。

5　真理とのいざこざ

分割し、組み合わせ、強調し、順序づけ、削除し、充填し、肉づけし、歪曲さえする自由。こうしたあらゆる自由の目的は何であり、それを縛るものはないのだろうか。世界制作が成功するための基準は何なのか。

ヴァージョンが言葉でものされ、言明から成るかぎり、真理ということが重要かもしれない。しかし、真理は「世界」との合致によって規定ないし検証することはできない。というのも、異なった世界ごとで真理が異なるというだけでなく、ヴァージョンとそれを抜きにした世界との合致ということのなかみが、周知のように、曖昧だからだ。むしろ——これは大雑把な言い方だし、またこの場でピラト〔キリストを処刑したユダヤの総督。イエスに「真理とは何か」と問うた〕の問いやタルスキー〔ポーランド出身の論理学者、哲学者。真理の意味論的分析で名高い。一九〇一—八三〕の問いに答えるつもりもないが——ヴァージョンは頑なに固められた信念やその指針をなにひとつ損うことがない場合に、真であるとみなされる、といった方がよい。ある時点における頑なな信念としては、論理法則についての長命な思念、近ごろおこなった観察についての短命な思念、さまざまな程度の鞏固さが浸み込んだ他の確信や偏見があげられよう。また指針としては、たとえば、代替しうるいくつかの座標軸、重みづけ、派生のための基礎——これらのものからどれを選択するかという問題があるだろう。しかし信念と指針との境界線は鮮明でも不動でもない。信念は指針によって賦活された概念の枠にはめこまれる。もしボイル〔イギリスの物理学者、化学者。一六二七—九一〕のような人が多くのデータに目をつぶり、これらすべてを取り落とす滑らかな曲線を理論的に唱えるような場合、観察された体積と圧力は理論上の体積と圧力とは異なるということもできるし、あるいは圧力と体積に関する真理は観察と理論という二つの世界で異なると言うこともできる〔ここでは、気体の体積Vは温度 t に比例し、圧力pに反比例する、という法則の一部をなす「ボイルの法則」が問題とされている〕。この上なく堅固な信念さえ、それに代わる信念にいつかは譲歩するかもしれない。たとえば「地球は静止している」という信念は、ドグマという身分から、指針次第で真偽の決まるひとつの見方へ移行したのである。

真理はもったいぶった厳格な主人であるどころか、従順で素直な召使いなのだ。自分が一意専心に真理の探求に献身していると思っている科学者は、自分を欺いている。彼は些細な真理には関心をもたない。そんなものは果てしなく自分で作り出せるだろう。また彼は多岐にわたる不規則な観察結果には、全体構造や重要な一般化の示唆のためにかろうじて目を向けるにすぎない。彼は体系、単純さ、広い射程を探求する。そしてこれらの点で満足な成果がえられると、真理をそれに合うように裁断する（*PP*: VII, 6-8）。彼が明らかにした法則は発見したものにちがいはないが、同様にそれは彼によって制定されたのであり、彼が描いたパターンは識別されたものであると同時に、彼がデザインしたものなのだ。

そのうえ、真理は語られたものにのみ属し、また文字通りの真理は文字通りに語られたものにのみ属する。しかしながらすでに見たように、文字通りに語られたものだけでなく、隠喩的に語られたものもまた世界を作るのであり、また文字通りにせよ隠喩的にせよ、語られたものだけでなく、例示され表出されたものによっても——語られたものだけでなく示されたものによっても、世界は作られる。科学論文では文字通りの真理がもっとも重要である。しかし、詩や小説では隠喩的真理もしくは寓意的真理がもっと重要だろう。というのも、文字通りには偽である言明でさえ隠喩としては真であることがあるし（*LA*. pp. 51. 68-70）、そうした言明が新しい連合と差別を目立たせ、あるいは作り、強調を変え、排除や付加をほどこすことがあるからだ。そして文字通りにせよ隠喩としてであるにせよ真や偽である言明は、みずからが語らないものを示すことができるし、言及されない特徴や感情の、字義的あるいは隠喩的な、際立った実例として働くことができる。たとえば、ヴェイチェル・リンズィー〔アメリカの詩人。一八七九―一九三一〕の詩集『コンゴ』〔一九一四刊〕で、太鼓を叩く音の律動的パターンは、記述されるのではなく、あくまでも展示されるのである。

最後に、非言語的なヴァージョンにとり、また言明をともなわない言語的なヴァージョンにとってさえ、真理は重要ではない。絵ないし述語が、描写したり適用されたりするもの「について真」であるという言い方をわれわれはするが、ここには混同の危険《おそれ》がある。これらは真理値をもたないし、それらが代表ないし指示するのは特定の事物であるが、一方、言明はまさに真理値をもち、いやしくもあるものについて真である以上あらゆるものについて真なのである。[23] モンドリアン〔オランダの画家。一八七二―一九四四〕の絵のような非具象派の絵は、何ひとつ語らず、外延指示も描写もしないし、また真でも偽でもないが、しかし多くのことを示している。にもかかわらず、示しあるいは例示は、外延指示と同様、指示機能なのである。こうした考察は理論にそなわる概念や述語にとって重要であるが、またほとんど同じ考察は、絵に対しても重要である。すなわち問題は、概念や述語や絵の有意性と啓示、力や適切さ——要するにそれらの正しさである。絵について真偽を云々するのにくらべれば、理論について正誤を云々する方がまだしもであろう。というのも理論がそなえる法則の真理は、理論の特殊な一つの特徴にすぎず、また別の著書で論じたように、説得力、簡潔さ、包括性、全システムの情報量や編成力の方が、しばしば理論的重要さにおいて優っているからである。

「真理を、真理全部を、ただ真理のみを」というモットーは、それゆえ、世界制作者にとって厄介で無力な方針《ポリシー》だろう。真理全部では多すぎるだろう。それはあまりに莫大で、変幻定めなく、瑣末な事柄でぎっしりだ。真理だけでは少なすぎるだろう。というのも、正しいが真ではない——偽の、または真でも偽でもない——ヴァージョンが存在するからであり、また真であるヴァージョンにとってさえ、正しさがより重要な場合があるのだから。

6　相対的実在

今や、このような狂気じみた世界の増殖からすべて手をひいて正気に立ち戻るべきではないだろうか。あたかも正しいヴァージョンのおのおのがそれ自身世界であるとか、その世界をもつとか語るのをやめ、すべてのヴァージョンを、それらの下に横たわる同一の中性的世界のヴァージョンとみなすべきではないだろうか。けれども前に注意したように、このようにして取り戻された世界は、種《しゅ》も順序も運動も静止もパターンもない世界——味方するか敵対するかを問わず、そのために戦う価値のない世界なのである。

むしろわれわれは、実在する世界を、代替しうる正しいヴァージョン（あるいは、なにか還元可能性とか翻訳可能性といった原理によって結びつけられたヴァージョン群）のどれかひとつに対応する世界だと解釈できるかもしれない。そして他のあらゆるヴァージョンは、この同一世界のヴァージョンであり、標準的ヴァージョンから相違するものとして説明がつくのかもしれない。物理学者はみずからの世界を実在する世界とみなし、他のヴァージョンに加えられた削除、付加、不規則性、強調は、知覚の不完全さ、実際活動の差し迫った必要、あるいは詩的放縦のせいだとする。現象主義者は知覚世界を基本的だとみなし、他のヴァージョンにともなう切除、抽象、単純化、歪曲は、科学や実際活動や藝術上の関心から生じるとする。市井の人にとって、科学、藝術そして知覚に由来するたいていのヴァージョンは、科学的・藝術的伝統の断片とみずからの生存競争の所産から彼が間に合わせに作った、馴染みの便利な世界とは、どこかしら異なるものだ。実際、たいていの場合、実在の世界とみなされるのはこうした世界にほかならない。というのも世界にかんする実在性《リアリティ》は絵画における写実主義《リアリズム》と同様、大部分習慣の問題だからである。

　とすると皮肉なことだが、ひとつの世界を求めるわれわれの情熱は、さまざまな場合、さまざまな目的により、多くのさまざまな仕方で満たされることになる。運動、派生、重みづけ、順序だけでなく、実在さえも相対的なのだ。正しいヴァージョンや現実世界が数多くあるということは、正しいヴァージョンと間違ったヴァージョンの区別を消すものではないし、間違ったヴァージョンに対応する単なる可能世界を認めることでもなく、またすべての正しい選択肢がありとあらゆる目的に等しく適合することを意味するものでもない。ハエだって、その羽の先端のどれかひとつを固定点とみなしそうにはない。ましてわれわれは、分子や具象体を日常世界の要素として歓迎したり、トマトと三角形とタイプライターと専制君主と大竜巻を単一の種にまとめることはしない。一方、物理学者はトマト以下のこうしたものをいずれも彼の基本粒子のうちに数え入れようとしないだろう。世間一般の人のようにものを見る画家は、藝術上の成功はともかく、人気は得るだろう。つけ加えて言うと、ここで多種多様な世界をメタ哲学的に熟察している哲学者の私は、頑固一徹な、デフレ策をとる唯名論の要求をみたすヴァージョンだけが、哲学体系を構築する際の目的に適うと考えている。

代替可能な世界をすすんで認める態度は、探求の新しい大道の通行を自由にし、そうした大道の所在を示唆するが、とはいえあらゆる世界をなんでも歓迎する態度からは何ひとつ世界は作り出されないことを付言しておこう。利用できる多くの座標軸を知っているというだけでは、天体の運行図はひとつも得られない。代替しうる複数の基礎がともに適格だと認めても、そこからは科学理論や哲学体系は何ひとつ生まれない。さまざまな見方に気づいたからといって絵はひとつも描けない。寛容な心は辛い仕事の代わりにならないのである。

7　知ることについての注

私がここまで述べてきたことは、知識の本性にかかわっている。私に言わせるなら、知ることは、単に何が真であるかを決定することではありえないし、第一義的にさえそうではありえない。発見とは宣言や弁護するための命題に到達することではなく、ジグソーパズルの一片をはめこむ場合がそうであるように、しばしば合う《フィット》ものを見つけることなのだ。

知ることの多くは真なる信念とは別のものを、あるいはそもそも信念とは別のものを目指している。描かれた森の中に見知った顔があるのを見つけたとき、画家ごと、作曲家ごと、作家ごとに分類された作品の間に様式の差異を識別できるようになったとき、絵や協奏曲や論文を研究してついに以前弁別できなかった特徴なり構造なりを見、聴き、把握したとき、このようなときに生じるのは、信念の変化ではなく、洞察の鋭さ、あるいは理解の幅の増大である。知識のこうした増大は信念の形成とか固定によるものではなく、[24]理解の前進によってなされるのである。[25]

さらに、世界が発見されるものであるのに劣らず制作されるものでもあるとすれば、知ることは報告することであるばかりか、作り直すことでもある。私が論じた世界制作のあらゆる工程が知ることに関与している。すでに指摘したように、運動を知覚することは、しばしばそれを生み出すことである。法則を発見することは、それを起草することをともなう。パターンを認識することは、ほとんどパターンを発明し押しつけることである。理解と創造は手を携えているのである。

ここでざっと調べた問いの多くに、第六章と第七章で私はまた立ち戻るだろう。今度は二つのもっと特殊な話題について考えてみたい。ひとつはとりわけ藝術にとって意義深いある微妙な類別であり（第二章）、一つは、いろいろな体系と媒体を用いて作られたヴァージョンに適用されるある概念を試みに跡づけること（第三章）である。

（1）たとえば、*Language and Myth*, translated by Suzanne Langer (Harper, 1946)〔邦訳『言語と神話』岡三郎、岡富美子訳、一九七二、国文社〕。

（2）しかし、なお第七章一節を参照せよ。

（3）"The Way the World is" (1960), *PP*, pp. 24-32, また Richard Rorty, "The World Well Lost," *Journal of Philosophy*, Vol. 69 (1972), pp. 649-665 参照。

（4）しかし、大いにもっともだというわけではない。というのも、すべての目的に役立つようなタイプの還元可能性は存在しないからだ。

（5）"The Revision of Philosophy" (1956), *PP*, pp. 5-23; また *SA* も参照。

（6）*Art and Illusion* (Pantheon Books, 1960)〔邦訳『芸術と幻影―絵画的表現の心理学的研究―』〈美術名著選書22〉瀬戸慶久訳、一九七九、岩崎美術社〕の多くの箇所で、E・H・ゴンブリッチは「無垢の眼」という考え方に反論している。

（7）ジェローム・S・ブルーナーの *Beyond the Information Given*（以下 *BI*）, Jeremy M. Anglin, ed. (W. W. Norton, 1973)〔邦訳『認識の心理学―与えられる情報をのりこえる―』上・中・下〈海外名著選77―79〉平光昭久、大沢正子訳、一九七八、明治図書出版〕第一章所収の論文を参照。

（8） *SA*, pp. 127–145; and "Sense and Certainty"（1952）, "The Empirical Argument"（1967）, *PP*, pp. 60–75 参照。もろもろの世界のあい継ぐ発達史を構成することは、カントの規制的原理のようなものの適用をともない、それゆえ最初の世界の追求は時間の最初の瞬間の追求と同じくらい見当違いだと言えよう。

（9） これは時にそう思われているように、同一性に対するライプニッツの定式〔あるものが別のものと同一である場合、前者にかんして真であるものごとは、すべて、後者にかんしても真である、という主張〕の変更を要求するものではなく、単に「これはあれと同じなのか」という問いへの答が、問題の「これ」や「あれ」が事物、出来事、色、種等のいずれを指示するのか、という点によること、このことを思い起こさせてくれるにすぎない。

（10） *BI*, pp. 331–340 参照。

（11） さらに *SA*, pp. 3–22, 132–135, 142–145 参照。

（12） "Some Thoughts on Scientific Method"（1963）in *Boston Studies in the Philosophy of Science*, Vol. 2（Humanities Press, 1965）p. 85.

（13） ルートヴィヒ・ウィトゲンシュタインの *Philosophical Investigations*, translated by G. E. M. Anscomb（Blackwell, 1953）〔邦訳『ウィトゲンシュタイン全集8　哲学探究』藤本隆志訳、一九七七、大修館書店〕の一四二節は、これが何を意味するかについての議論で占められている。私は、ここで与える答がウィトゲンシュタインのものだと示唆するつもりはない。

（14） ここでは種について大雑把に語っている。そのような語り方を唯名論化する方法については*SA*: IIと*PP*: IVを参照。

(15) 指示関係としての例示や表出については、*LA*, pp. 50-57, 87-95を参照。

(16) Kevin Lynchの*The Image of the City* (Cambridge, Technology Press, 1960)〔邦訳『都市のイメージ』丹下健三・富田玲子訳、一九六八、岩波書店〕を参照。

(17) E. Llewellyn Thomas, "Eye Mouvements in Speed Reading" in *Speed Reading: Practices and Procedures* (University of Delaware Press, 1962), pp. 104-114参照。

(18) "Zeit, Zahl, und Zeichen," delivered at the Cassirer celebration in Hamburg, 1974.

(19) "On Perceptual Readings" (1957) in *BI*, pp. 7-42参照。

(20) Paul Kolers, "Bilinguals and Information Processing," *Scientific American* 218 (1968), 78-86参照。

(21) *Aspects of Motion Perception* (Pergamon Press, 1972), pp. 47 ff.

(22) "Value and Need as Organizing Factors in Perception" (1947) in *BI*, pp. 43-56.

(23) たとえば「2+2=4」はあらゆるものについて真である。なぜならあらゆるxにとって、xは2+2=4であるようなものだから。言明Sは私の論文"About" (*PP*, pp. 246-272) において定義された「について」(about) のおのおのの意味で、xについて真でない場合、通常xについて真ではないだろう。しかし、「について」の定義は、言明の諸特徴に依存している。だが絵画にはそれらの正当な類比物がないのである。なおJoseph Ullian and Nelson Goodman, "Truth About Jones," *Journal of Philosophy*, Vol. 74 (1977), pp. 317-338また本書

第七章五節を参照せよ。

（24） ここで私は次の論文を指している。Charles S. Peirce "The Fixation of Belief" (1877), in *Collected Papers of Charles Sanders Peirce*, Vol.5 (Harvard University Press 1934), pp. 223-247.〔邦訳『論文集』第一章「探求の方法」上山春平訳（『パース　ジェイムズ　デューイ』〈世界の名著48〉一九六五、中央公論社）所収〕。

（25） より広い意味での理解の本性と重要性については、M. Polanyi, *Personal Knowledge* (University of Chicago Press, 1960) を参照。〔邦訳『個人的知識―脱批判哲学をめざして』長尾史郎訳、一九八五、ハーベスト社〕。

第二章　様式の地位

1　定説への異議

主題とは語られたものであり、様式（style）とはその語り方であること、これは明らかだ。ところがこの定式が欠陥だらけだということも、これほどではないが明らかである。建築や非具象絵画やたいていの音楽には主題がない。それぞれの様式は何かをいかに語るかという問題ではありえない。というのも、これらは文字通りには何も語っていないからだ。これらは別のことをする。別のやり方で何かを意味するのである。たいていの文学作品は何ごとかを語る（say）が、ふつうは別の仕事もする（do）。そして仕事によっては、作品がそれをこなすやり方のあるものが様式の姿となっている。さらに、ある種の仕事のなかみは別種の仕事の様態の一部であるかもしれない。実際、問題となる唯一の機能が語ることである場合でさえ、様式のいくつか顕著な特徴が、語り方ではなく語られた内容の特徴であることを認めねばならないだろう。主題が様式のうちに含まれる仕方は一通りではない。これをはじめとするいろいろな理由から、様式は藝術家がいくつかの選択肢から意識的にある表現形態を選択することに依存するという、一般に認められた見解に、[1]私は与しえない。また私の思うに、書いたり、描いたり、作曲したり、演奏したり、これらのやり方のあらゆる相違が、必ずしも様式上の差異とはならない点を認めねばならないだろう。

とはいえ、私は批評家や美術史家の仕事に文句をつけたいのではない。彼らの仕事としばしば食い違う、様式についての彼らの定義や理論に反対したいのである。[2]

2　様式と主題

何かを語る場合、それをどのように語るかという側面のいくつかは、明らかに様式の問題である。描写する、物語る、あるいは解説するといった文学のもつ機能にかんするかぎり、様式の多様性とは、テキストがこうした機能を遂行する仕方の多様性にほかならない。内容に変りがなくても、形式は変化するのだ——しかし、この断定にさえいくつも困難がある。グラハム・ハフはこう書いている、「(……) それについて思いを凝らせば凝らすほど、どこまでさまざまな語り方なるものを云々することができるのかますます疑わしくなってくる。おのおの異なった語り方は、実は異なったものを語ることではないのか」と。[3]最近の例では、様式や文体論は、正確に同じものごとを語るいくつもの代替方法があるという事実に基づくという前提から出発して、E・D・ヒルシュ・ジュニアが同義性を擁護し定義しようと努めている。[4]

同義性はいかがわしい概念であって、私自身が論文で、いかなる二つの名辞も正確に同じ意味をもたないことを提唱している。[5]しかし、様式を内容から区別するのに必要なのは、正確に同じことがさまざまな仕方で語られうるということではなく、語られたものと語り方とは連動しない可能性があるということにすぎない。しばしば、ほとんど同じことを語るきわめてさまざまな仕方が存在するのはごく明らかなことだ。もっと意義深いのは、逆に、しばしばまったく異なるものごとがほとんど同じ仕方で——もちろん同じテキストによってではなく、様式の要素である一定数の特性を共有した複数のテキストによって——語られうるということである。題材を異にする数多くの作品が同じ様式を備えることがある。そして様式については、主題を考慮せずに多くの議論がなされている。しばしば語りの様式は——絵画、作曲、演奏の様式もそうであるが——主題が何であるか、そもそも主題があるかどうかとは無関係に、比較・対照されることがある。[6]同義性なるものが存在しないとしても、様式と主題はいっしょくたにはならないのだ。

ここまでで得られた帰結は否定的なものであって、ほとんどゼロである。様式は主題ではないというだけではない。主題がない場合、主題ではないというこの事実によって様式はまったく限定されないのである。これさえ危険な言明である。というのも様式は、時には主題の問題であるからだ。私が言いたいのは、たんに主題が様式に影響しうるということではない。言いたいのは、様式の違いのなかには、語られたものの違いに全面的に基づくものが存在するということである。ある歴史家は軍事対立の観点から、もうひとりの歴史家は社会変動の観点から著述をするとしよう。あるいは、ある伝記作家はおおやけの経歴を強調し、もうひとりは個人生活を重視する、と考えてもよい。ある時代についての二つの歴史の、もしくはある人物についての二つの伝記の違いは、この場合、散文の性格のうちではなく語られたもののうちにある。にもかかわらず、この違いは、言葉遣いの違いではなくて、文学様式（文体）の違いに表明されている。私はわざと描写をする文学もしくは解説をする文学の例を取り上げてきたが、詩人の様式（文体）の一部もまた、彼の語るものから——もろくて経験では捉えがたいもの、力強くて朽ちぬもの、このいずれに彼が焦点を合わせているのか、感覚性質と抽象観念のどちらにそうしているのか、などという点から——成ると言えるのである。

どうやら話が逆説じみてきたようである。語られたものが時に様式の一面となり、そして様式が語られたものを語る仕方であるとすれば、不手際な論理学者ならば、語られたものは時にそれを語る仕方の一面であるという有り難くない帰結——これは自己矛盾した自明の理という、アンビヴァレントな趣きをそなえる定式だ——をさし示すところだろう。

これの解決策といえば、一見してこれよりずっと奇妙なものである。それによると、語られたものは、それを語る仕方ではなく、それとは別のものについて話す仕方かもしれないという。たとえば、ルネサンス時代の戦争について書くこととルネサンス藝術について書くことは、戦争や藝術について書くさまざまな仕方ではなく、ルネサンスについて書くさまざまな仕方なのである。異なるものを語ることは、両者を含む、より包括的なものについて話す別々の仕方であるとみなせるのだ。こうして、様式は語り方に属するという原則を離れずに、たとえば藝術ではなく戦争について書くことと、アングロ・サクソン語の散文ではなくラテン語の散文について書くことの双方を、われわれは様式の諸側面として認めることができるのである。しかし、そうなれば、この原則のまさに眼目と思えたものをわれわれは放棄することになる。すなわち語り方と語られたもの、様式と主題の対照である。容器も内容も様式の問題だとしたら、様式でないものとは何だろうか。

もう一度もっとよく見ると、主題の違いによる様式の違いは、単に語られたものが同じでないという事実からは生じない、ということがわかる。軍事に関心のある歴史家が異なる二つの時代について書く場合、たとえ彼の語る二つのものがきわめて異なるとしても——少なくとも、ある時代について彼その人が書くものと藝術に関心のある歴史家とが書くものの差程度に二つが異なるとしても、彼の様式は依然変わらないかもしれない。様式は主題の問題だと言うことは、それゆえ曖昧で誤解を招きやすい言い方だ。むしろ、語られたもののいくつかの特徴だけが様式の側面に数えられるのである。つまり、語られたもののある特徴的な違いだけが様式上の違いを成すのである。

もちろん同様に、言葉遣いの特定の特徴のみが様式を構成する。二つのテキストがひどく違った語句から成るからといって、それらが様式上異なっていることにはならない。この場合、様式上の特徴として重要なのは、ある種の語句の優勢、文構造、頭韻や脚韻の使用といった特性である。

したがって、形式と内容を区別することが難しいといって思い煩う必要はない。(7)というのも、内容と形式の区別が明らかな事例であるかぎり、この区別と様式と様式でないものという区別とは、一致しないで交差するからである。様式は、語られたものと語り方、主題と言葉遣い、内容と形式——これら両面にそなわる一定の特徴から成る。様式を成す特徴と様式を成さぬ特徴との区別は、こうした両面の区別とは別の根拠に基づいて引かねばならない。

3　様式と感情

ここまで苦心して進んできたが、ひょっとして様式のまさに本質をわれわれは置き忘れたのではないか。事実が終わり感情が始まるところで様式が登場するのだ、と言う者がいる。様式は、藝術の論理的、知的、認識的側面に対立する「感情的なものや表現的なもの」(8)の問題だというのである。語られたものもそれを語るものも、情動の表出にあずからぬかぎり、様式とは無縁である。たとえば、雨の中の散歩を主題とする、言葉遣いが違い、記述されたエピソードも違う二つの報告は、同じ様式でなされることもあるが、もし一方が陰気でもう一方が陽気なら、それぞれ異なる様式をそなえるのだ。この見解によると、様式一般は、このような(他の例ではるかに微妙な)表出された感情の質から成るのである。

この見解は、様式をなす特徴と様式をなさぬ特徴とを区別する基準を提案しているが、それにはいくつか明らかな限界がある。もろもろの属性を情動に関するものと認識に関するものに分類し、この分類がどんなにもっともらしいとしても、様式をなす属性には情動に関するものもあり、そうでないものもあるというのが事実だ。報告が緊密な構文をそなえるか緩やかな構文をそなえるか、簡潔か饒舌か、平易な語彙を使うか凝った語彙を使うか、こうした点は、感嘆を喚起するかもしれないし嫌悪を喚起するかもしれない。だが、報告がそうした感情を表出することはほとんどないだろうし、もちろんこうした点はそれ自体情動に関する属性ではない。それゆえ、この文脈での「情動」(emotion)という語を、より曖昧な「感じ」ないし「感情」(feeling)という語に置き換えてしまえるだろう。そして、明らかに情動をあらわさず、かつ様式をなす属性は、それぞれ特有の感じをもつと考えられる。掉尾文〔多文節を含み文尾に至りはじめて文意が完成する文〕は散列文〔文尾に至らないうちに文意が完成する節から成る文〕とは違った感じがする。われわれはラテン語の語彙とアングロ・サクソン語の語彙との違いを感知できる。さらに、傷を知覚する以前に痛みを感じることがしばしばであるように、土台をなす事実的属性を識別する以前にしばしばこうした感じの質に気づくのである。そして、様式の諸側面として重要なのは、こうした感じの伝達手段ではなく、まさにこうした感じなのだ。これが前《さき》の提案への注文《クレーム》である。

このままの形では、しかし、この主張は内容を薄められた挙句空《から》になってしまう。テキストがそなえた上述のような特徴がその独特な感じの質をもつという観察にはもっともな点があるが、他のあらゆる特徴も――いやそれどころか、あらゆる語、あらゆる語のつらなりも、そうした質をもつのではないか。そうした属性を感知できるということは、ちょうどある顔を見てそれと分るように、構成要素へ分析しないでそうした属性を知覚できる

キャサリン・スタージス．ホッケー・シリーズから．
インク．作者蔵．

ことをいうにすぎないと思われる。しかし、これはたいていの属性に当てはまることで、様式を区別するのに役立たないのは確かだ。こうして、理論を十分に広いものにすれば、広すぎて理論としての働きをだめにしてしまうのである。

さらに、様式とは表出された感じであるという定義は、感じでもなく表出もされない構造的特徴を無視するだけでなく、感じではないが表出された特徴をも無視しているという点で失敗である。ここに図を載せたスタージスの素描とポルライウオーロ〔イタリアの画家、版画家。一四二九／一四三三―一四九八〕の銅版画はどちらも肉弾戦を演じている男たちを再現しているが、

アントニオ・ポルライウオーロ．裸の男たちの戦い．版画．
クリーヴランド美術館蔵．J. H. ウェイド基金により購入．

スタージスの絵が一瞬の行為を表出しているのに対し、ポルライウオーロの絵は均衡状態にある力を表出している[9]。別の例をあげれば、ドーミエのある石版画は重圧を表出し、ヴィヴァルディ〔イタリア生れのバロック末期の作曲家。一六七八―一七四一〕の曲の一節〔協奏曲「四季」第四番「冬」第三楽章であろう〕は、氷上を滑る人の視覚的もしくは運動感覚的パターンを表出し、ジョイスの小説『ユリシーズ』は時間の無限な回帰を表出するだろう。

このように、様式は表出されたものにも感じにも限定されない。にもかかわらず、多くの作品にとって、表出することは語ることと少なくとも同じくらい重要な機能である。そして、作品が表出するものは、しばしば作品の主要な要素である。冷笑的、感傷的、下品、官能的といった書きぶりの違いは様式上の違いである。語るという行為のうちに表出された情動、感じ、その他の属性は、語り方の一部を成している。表出されたものは、語られたものがいかに語られるかということの一面である。そして、音楽や抽象絵画では、語られたところの無〔すなわち沈黙や間、空白といった、表現の空所のこと〕さえ様式の一面になりうるのだ。

以上のことはみな十分明らかだが、しかし明らかに十分ではない。というのも、表出は藝術作品の一機能なのだから、語り方と同様、表出の仕方も考えに入れなければならないからだ。表出されたものの違いが語りの様式上の違いとして重要になりうるように、語られたものの違いは、表出の様式上の違いとして重きをなすかもしれない。陰鬱さが、ある作家が戸外での活動を記述する仕方の典型かもしれない。そして雨降りを強調することが、彼が陰鬱さを表出する仕方の典型であるかもしれない。語られたもの、その語られ方、表出されたもの、その表出のされ方は、すべて緊密に結びつきながら様式に寄与するのである。

4　様式と構造

語られたものや表出されたものの特徴を考えに入れなければならないといっても、文の構造、律動《リズム》のパターン、反復や対照などの重要さは、いささかも減らない。また散文における語彙（英語の場合、これにはラテン系のものやアングロ・サクソン系のもの、学生向けのものや日常会話向けのもの、などの違いがある）や絵画における色が持つ特性によって例証されるように、語られたものや表出されたものの属性以外の様式上のすべての特徴が、「形式的」あるいは「構造的」特徴であるとは（たとえ過度に拡張された意味でこうした語を解するとしても）かぎらないのだ。

われわれはその種の属性を、テキストや絵が外延指示（記述、代表など）あるいは表出によって指示するもの――主題や感じ――が持つ属性ではなく、テキストや絵に内在的あるいは内的なものとして分類したくもなる。右の特徴がみな、テキストないし絵自体に属し、それらに所有され、固有であるという理由からである。しかし、内的属性と外的属性との間に明確な線を引こうとする哲学者の努力はまだ成功していない。少なくとも確かなのは、テキストが語るものあるいは表出するものも、他ならぬテキストの属性だということである。他方、テキストがもつさまざまな属性が語られたものや表出されたものとは別にあって、それらには封じ込められていないのだ。しかし、こうした属性を共有する他のテキストに、語られたものや表出されたものを関係づけるのは、この種の属性なのである。もっぱら形式的でもなく、明らかに内在的というわけでもないこの種の特徴を、作品がなす（does）ものと作品がそうである（is）ものとの違いによってもっと巧みに定義できるだろうか。たとえば、地球は丸いと語ることや憂鬱を表出することは、そのようになすこと（doing so）である。整然と書かれていること、あるいは自在に描かれていることは、まさにそうであること（being so）である。が、残念ながら、この定義もあまりうまくゆかないと思われる。第一に、詩や絵が表出する憂鬱は、私の見るところ、詩ないし絵が所有するものである。ただしこの所有は文字通りではなく隠喩的なものにすぎないけれど。すなわち、憂鬱を表出する詩や絵は（隠喩的に）憂鬱である。[10] 第二に、作品のいわゆる内在的な様式の特徴は、決して単に作品が所有するだけでなく、それが表明し、示し、例示するような属性のひとつであると私は考える——ちょうど、洋服屋が見本に使う布切れが色や生地や織りを例示するように（形や寸法はこのかぎりではない）。それゆえ表出も例示も、あることと同時になすことの問題であり、属性を所有することおよび属性を指示することの問題である。このことは、実際、われわれがはっきりさせようとしてきた区別に手掛かりを与えてくれる。様式をなす特徴とは、構造上のものであろうとなかろうと、作品によって文字通りに例示された属性全部なのである。

　例示は藝術作品がもっとも頻繁に用いる重要な機能のひとつなのに、まれにしか注意を払われないし、理解もされない。様式にかんするいくつかの難問だけでなく、藝術の記号的性格をめぐるあまたの虚しい論争も、「……の見本である」という関係の日常的事例からたやすく学べる次の教訓に無知なため起こったものである。すなわち、単なる属性の所有では例示にならないこと、例示には所有された属性への所有の主体による指示がともなうこと、こうして例示は明らかに外延指示（または記述や代表）とは異なるが、にもかかわらず指示の一種だということ、こうした教訓である。

以上をまとめると、様式がそなえる特徴には、語られたもの、例示されたもの、または表出されたものの特徴が含まれるであろう。ゴヤ〔スペインの宮廷画家。一七四六―一八二八〕とエル・グレコ〔クレタ島出身のスペインの画家。一五四一―一六一四〕は、主題、デッサン、感じの三点すべてにおいて性格を異にする。おのおのの特徴はいずれもまた、語り、例示、表出という三つの機能のひとつ、あるいはそれ以上を果たす方式でもあろう。たとえば、衣文《ドラペリー》の絵に例示された形は、衣裳を代表するある仕方であると同時に、かさばりや揺れ動きや威厳を表出する仕方であるかもしれない。衣文は「カールしたり、渦巻いたり、波打ったり、溶けたりする。あるときはまた、波によって形づくられた岩さながらに、堅固な隆起とくぼみの構造をなして、眼に抵抗することもあり」、「調和にみちた確かさを奏でる楽器」[11] になることもできる。そうかと思えば、表出されたものの違いが——たとえばマンテーニャ〔イタリア・ルネサンスの画家。銅版画の作品はデューラーなどに影響を与えたといわれる。一四三一―一五〇六〕の版画とピエロ・デㇽラ・フランチェスカの絵にみられる、復活したキリストの性格の違いが――同じ主題を描写する別々の仕方となることがある。さらに、語られたものの特徴が、語り方あるいは表出の仕方となることもある。ホイットマン〔アメリカの詩人。一八一九―九二〕がとくに何をとりあげ細部描写しているかという点は、人間を記述する彼のやり方の一面であるとともに、生命力を称賛する彼のやり方でもある。またフェルメール〔オランダの画家。一六三二―七五〕、デ・ヘーム〔オランダの静物画家。一六〇六―八三／八四〕やファン・デル・ヘイデン〔オランダの画家。一六三七―一七一二〕、エーフェルディンヘン〔オランダの画家、銅版画家。一六二一―七五〕が選んださまざまな主題は、十七世紀オランダの生活を描写するいろいろな仕方であると同時に、当時の家庭中心の雰囲気を表出するさまざまな仕方でもある。時として、例示されたものの持つ特徴（たとえば色彩の構成）は、他の特徴（たとえばひとつの空間的パターン）を例示する仕方となる。たとえばアルバース〔ドイツ出身のアメリカの画家。一八八八―一九七六〕、もっと最近ではパトリック・ヒーロン〔現代イギリスの画家、版画家。一九二〇―九九〕による、シルク・スクリーンを使って単一のデザインから作られたさまざまな色の版画を見てもそれは知られる。またたとえばソネット形式のような一定の構造は、当然ながら、まったく異なった主題をもつ詩のうちに例示されることがある。したがって、主題の特徴は形式を例示する仕方に数えられるのである。

　しかし、ここで様式のあらゆる変化をくどくどと述べたり、特定の事例を論じたりする必要はない。私の目的は、様式をなす特徴に手の込んだ厳格な分類システムを押しつけることではなく、広くはびこっている教条の窮屈な束縛から――様式と主題、形式と内容、「何」と「いかに」、内在的と外在的といった、誤解を招きやすい対立から、様式理論を解放することであった。私は略述した三分法が有無をいわせぬものだとか、ありうる最善のものだとか、あるいは全体として十分なものだとさえ、主張するものではない。批評家がしばしば考察の的にしてきたものの、伝統的理論が不当に取り扱ってきた様式のいろいろな面をはっきり認識すること、このことを強く主張しているのである。これは、一般に様式をなす特徴を他の特徴から区別するものは何か、という問いに答えるものではなく、たんにこの問いを際立たせるにすぎない。文学様式（文体）――絵画や音楽の様式にしても同じことである――の属性を同定することは、語り、例示、表出のさまざまな仕方へこうした属性を細かく分類することではすまない問題なのである。

5　様式と署名

様式には上述のような各種の特徴が含まれるけれども、しかしそれが必ずしも様式をなす特徴であるとはかぎらない。ある作品が一定の様式をそなえる場合、その作品の主題、形式、感じのあらゆる側面のうち、ある種のものだけがその様式の要素なのである。

第一に、ある属性――なされた言明、展示された構造、伝えられた感じ、このいずれの属性であるかは問わず——が様式をなすものに数えられるのは、それが作品をある決まった藝術家、時代、地域、流派などに結びつける時にかぎられる。様式はいわば個人または集団の署名の役割を果たす複雑な特性である。というのも、この特性によって作品がレネ〔現代フランスの映画監督。一九二二－〕、ホイスラー〔アメリカの画家、銅版画家。一八三四－一九〇三〕、ボロディン〔ロシアの作曲家。国民楽派の五人組の一人。一八三三－八七〕のものであることが証拠立てられ、初期のコローと後期のコロー、バロックとロココ、バウレ族とパフィン族〔いずれも、すぐれた木彫作品を生んだアフリカの部族〕とが区別されるからである。言葉遣いを拡張すれば、ある作家の作品が別の作家の様式をもつとか、あるいはある楽節が、同じ作品や他の作品の別の楽節の様式をもつとかもたないとか語れるかもしれない。しかし概して、様式をなす属性は、誰が、いつ、どこでという問いに答える一助となる。ひとつでは何も指示しない属性が、他の特徴と結びついて作品の位置づけをおこなうことがある。多くの作品に共通な属性は、ある作品にとっては様式の一要素なのに、別の作品にとっては様式の点で重要でないこともありうる。属性には、一定の様式に恒常的にともなう特徴というより、単にそのありふれた特徴にすぎないものがあるかもしれない。また特定の作家ないし時代の作品に、つねに、あるいはしばしば現われるという理由からではなく、他の作品には決して、あるいはまず一度も現われないという理由で、様式上重要である属性があるかもしれない。様式の要素をなす属性の一定不変の目録を編むことはできない。それに、われわれは通常、様式をその構成要素に分析できなくても、それをなんとか把握してしまうのである。うまく把握できたかどうかは、われわれがおこなう作品分類の確かさと感度によってテストされる。

第二に、作品の作者、時代、由来を決定する一助となる属性のすべてが、様式にかかわるわけではない。絵の付票《ラベル》、個人作品目録に記載されていること、作曲家の手紙、発掘報告書――これらは作品を位置づける助けとなるかもしれない。しかし、そんな付票がついていること、文書で証明されたこと、発掘されたこと、これらはいずれも様式の問題ではない。絵画を同定する助けとなる、絵の具の化学的属性も様式には関わりがない。トマス・エーキンズ〔アメリカの画家、彫刻家。一八四四―一九一六〕やベンジャミン・フランクリン〔アメリカの政治家、科学者。一七〇六―九〇〕の署名があるということにしても、それはなるほど同定の役には立つが、しかし様式を構成しない属性である。隠喩を使って様式は署名であると言ってもいいが、文字通りの署名は様式の特徴ではないのである。

右のような属性は、誰が、いつ、どこでという問いには明らかに有意であるのに、なぜ様式をなす属性と呼べないのだろうか。答は簡単なことであって、それらが作品の記号として機能をするための属性ではないからだ。反対に、配列への全力集中、湾曲したフォルムの独特な仕上げ、ほろ苦い感じの微妙な質などといった典型的な様式上の特性は、そのピアノソナタ、絵または詩が、表出し、例示し、語っているものの側面をなしている。様式は作品そのものの記号としての機能にもっぱら関係する。(12) 前にわれわれは、そのような記号機能の側面のいずれもが様式の要素であることをみたが、今やそのような側面だけがその要素であることを認めるのである。

こうして、様式の定義の輪郭が目前に浮かび上がる。様式は、基本的には、作品の記号機能のうち、作者、時代、場所または学派の特性を示すような特徴から成るのである。もしこの定義がきわだって新しくは見えないとしても、現在はびこっている見解とそれがたもとを分つ点を見逃してはならない。この定義に従えば、様式とは単に「何」と対照された「いかに」の問題ではない。様式は、たがいに同義な選択肢にも選択肢のあいだの意識的選択にも依存しない。様式には、作品が記号として表現するものとこの表現の様態とにそなわる一定の側面だけが含まれるのである。

私は終始藝術作品の様式について話してきた。しかし様式は、ここで考えられてきたように、作品に限定される必要があるのだろうか。それともわれわれの定義中の「作品」という語は「対象」または「何かあるもの」という語に置き換えてもよいのではないだろうか。従来の他の定義とは異なり、われわれの定義は藝術家の意図に基づくものではない。重要なのは記号として表わされた属性であり、藝術家がそれを選ぶかどうかとか、自覚するかどうかとさえ関係ないのである。そして藝術作品以外にも多くの事物が記号作用をいとなむ。もし「制作者」のうちに、〈オブジェ・トゥルヴェ〉〔原義はフランス語で「拾得物」。〈オブジェ〉のジャンルの一つで、拾った石、流木などを作品にしたてる〕を藝術として提示する者を含めないとしたら、当該の属性が著者または制作者に由来する特性を示すという定義に従うかぎり、当然、様式は工作物《アーティファクト》にだけ属することになる。しかし、自然の対象や出来事もある意味で記号として機能するのであって、それらが記号として表現するものの属性は、それらの起源や発生の時間や場所の特性であるかもしれない。マンダレイ〔ミャンマー中部イラワディ河畔の都市〕の日の出（a Mandalay sunrise）は、たまたまマンダレイという土地でみられる日の出（a sunrise in Mandalay）ではなく、雷鳴の突如さを表出する日の出、つまりマンダレイ様式を帯びた日の出だといえよう。しかしながら、当面の文脈では「様式」を作品や演奏や藝術対象に限定するのが賢明かもしれない[13]。

　様式をなす特徴のなかには他のものよりも顕著であり、目覚しいものがある。しかし、様式をなす瑣末な特徴と、前に言及したような全然様式をなさない特徴との境界線が、はっきりと引かれることはめったにない。特定の著者が書いた小説群のこまごました統計上の特性、たとえば彼が書く文の二番目の語は通常の割合より多く子音で始まっているというような特性を考えてみよう。この種の特徴と、重要な正真正銘の様式をなす特徴との違いは、絶対的なものなのかそれとも比較的なものなのか。この属性は統計的性格のものであるが、しかし、脚韻や頭韻の頻度のような、明らかに様式をなす多くの属性も、やはりそうである。また問題の属性は長時間の作業を重ねて初めて確定しうるものである。しかしそういうなら、もっとも重要な様式上の属性には、非常に微妙なせいで大変な苦労を払って初めて見出されるものもある。最後に、この属性はあまりにもソノ例カギリノ（ad hoc）ものなので興味が薄いといっても、しかしこの点は程度の問題である。科学における一般化がソノ例カギリノものであればあるほど理論的背景との結びつきが少なく、また弱くなるのとちょうど同じように、様式をなす属性がソノ例カギリノものであればあるほど、他の様式をなす概念ネットワークとの結びつきは少なく、また弱くなる。

とすると、これまでのところ、こうしたばからしい属性を紛れもない様式上の属性から区別するものは何もない。にもかかわらず、ここでわれわれによる様式の定義から、ある絶対的な差異が明らかとなる。なるほどこの属性は事実、問題の小説群に属しているのであって、それを手掛かりに、それら小説を特定の著者の筆になるものとして同定することすらできる。しかし作品としての小説は、この属性を例示すること、あるいは記号として表現することがまずないのである。この点で、この属性は洋服屋の小切れにそなわる大きさや形のようなものだ。小切れはこのような属性の見本ではなく、色や織りの見本に使われる。問題の属性は一群の小説によって記号表現されてはいない以上、われわれが与えた様式の定義を満さない。ごく奇妙な、まるで取るに足らない様式上の属性と比較してさえ、これは様式をなす属性ではまったくないのである。

さて、洋服屋の小切れが何を例示し、何を例示しないかは十分明らかであるが、藝術作品や演奏によってまさにどんな属性が例示されるかは、正直なところ、しばしば決定し難い。定義上設けられた区別は、時として具体的に適用しにくいことがある。ところで同様に、作品がまさに何を語り、何を表出するかを言うことは、しばしば困難である。そうした決定に骨が折れるということは、決定すべきこと——作品が実際これこれのことを語っているか否か、特定の属性を例示(もしくは表出)しているか否かということ——があることを意味している。ある属性が様式の要素かどうかは、作品が何を語るかということと同様、例示されたものや語られたものを決定する困難さには左右されないし、それらのものの重要性にも左右されないのだ。

6 様式の意義

わかりやすく言うと、様式論は批評の狭い一部を占めている。歴史的、伝記的、心理学的、そして社会学的要因のみならず、研究される作品のいかなる属性であれ、それについての論議は批評の範囲に含まれるだろう。これにひきかえ様式論は、作品が記号として表現するものや表現の様態にそなわる特徴に、さらには一定の作家、時代、地域、流派などの特性を示すような特徴に議論を限っている。

これが意味するのは、様式概念は文学史家あるいは美術史家の単なる道具、系統に従って作品を分類するための単なる博物館用の仕掛けにすぎないということなのだろうか。様式は、作品目録や発掘報告書のように、単に整理保管を助けるだけなのか、それとも美学上の意義をもつのか。様式論は単に学識の機械的手段の一部なのか、それとも藝術としての作品にかかわるのだろうか。

こうした問題の立て方は誤解を招きやすい。それは作品の同定が美学とは無縁の仕事だということ、藝術家、時代、場所あるいは流派の「単なる」同定は美学にとり重要ではないということ、歴史学と批評とはまったく独立したいとなみであることを仮定している。これは誤りである。別のところで論じたように（*LA*: III, 1, 2）、作品の出所についての知識は、たとえ化学分析などの純粋に科学的手段によってそれが得られた場合でも、一見してはわからない、その作品が他の作品と違う点や似た点を発見させてくれる基礎を用意することによって、その作品をどのように見、聴き、読まねばならないか、その仕方を教えてくれる。実際、様式を知覚が発見するために、ふつう、ある藝術家ないし流派を代表する作品を前もって同定することから始めなければならない。このように作品の同定は、それがどのように実施されるかを問わず、藝術としての作品の理解に寄与するのである。

ここでほんとうに問題となる問いは別のものである。それは、様式をなす属性は、作品同定を助ける様式をなさぬ属性にくらべて、いっそう直接的な美学的意義をもつかどうか、という問題なのだ。答はすでに述べたことのうちに暗に含まれている。ある作品を位置づけることは、それ自体、まさに様式にそなわる性質の発見に役立つかぎりで美学的に意義がある。様式が、定義により、作家、年代、地域、流派の特性を示すということは、様式を作品同定の仕掛けに還元するものではない。むしろ美学にかんするかぎり、作品同定は様式の知覚の準備であり補助であり副産物である。歴史学と批評が異なるのはそれぞれの主題が別であるとか、それぞれの仕事が無関係であるという点ではなく、目的と手段が入れかわっている点なのである。歴史家がある絵をレンブラント作として、またある詩をホプキンズ〔イギリスの詩人。一八四四―一八九〕作として同定するために、みずからの様式の把握を利用するのに対して、批評家は作品にそなわるレンブラント的属性やホプキンズ的属性を弁別するための一段階として、作者の同定を利用するのだ。

無作為に選ばれた作品群を相手に研究を十分おしすすめるなら、それらの何か共通の特徴が識別されるかもしれない。しかし、なぜ様式は、こうした特徴以上の意味をもつというのだろうか。ひとつには、ソノ例カギリノ様式をなす属性がほとんど重視されないのと同じ理由でそうなのである。つまり、われわれの美的経験を編成するのに必要な他のもろもろの特徴から成る、いまなお生長しつつある組織との興味深い相互関係が、こうした属性には欠けているのである。そしてもうひとつには、この種の属性には著者であること（オーサーシップ）や学派のような投射可能な要因〔種を構成する要因〕との間に要求される相互関係がないために、もっと多くの事例との比較検討をおこない、われわれの仮初《かりそめ》の知覚を強化、洗練、拡大することが不可能だからである。(14) しかしこの事実は、雑然とした詞華集《アンソロジー》、展覧会、コレクションまたは演奏会に収められ、展示され、演奏された作品群、あるいは物置に雑然と積まれた作品群でさえ、それらを通じて時に興味深い性質があらわれるというなじみの事実と、立派に両立しうるのである。

ハイドン、ハーディ〔イギリスの小説家。一八四〇―一九二八〕、あるいはホルバイン〔ドイツ・ルネサンスの画家。一四九七―一五四三〕の様式は、無頓着な聴衆、読者、参観者にとって自明なものではないし、人からの明らさまな教示にしたがえばそれと知れるというわけでもまずない。様式には通常、物知りの眼や耳、洗練された感覚、見聞が広く知りたがり屋の心をもつ者のみが近づくことができる。これは驚くべきことではないし、様式に特有なことでさえない。何物の特徴にせよ、多少とも詳しく繰り返し検査してさえ見逃してしまうほど周縁的だったり、もともと不明瞭だったりするものである。われわれが発見するもの、首尾よく制作できるものは、何をいかにして求めるかに大きく依存している。前に指摘したことだが、われわれは判じ絵の中に求める顔を見つけそこなうことがある。語られたことに集中したせいで形式や感じをつかみそこなったり、韻やリズムに傾聴したせいで語られたことを取りこぼすこともある。二ヵ国語に等しく精通している場合、聞いたり読んだりする言葉がどちらの国語でものされているのかにほとんど気づかず、すぐに忘れてしまうことがある。全体のデザインが微小な細部のせいで無視されたり、反対に前者のために後者から注意がそらされることがある。探求の構造にそぐわないパターンの知覚は、しばしば大きな骨折りなのである。

しかし、様式が錯綜し、捉え難《にく》くなればなるほど、それは探査を刺激し、探査が成功した時にはわれわれに眼が開かれた思いを酬いる。なにかうわべの癖を手がかりに容易に同定されるような見えすいた様式は、単なるマンネリズムとして非難されても当然である。複雑で精妙な様式は、説得力のある隠喩のように、字義的定式への還元には抵抗する。属性を要素に分析できなくても、あるいは属性の必要十分条件を特定できなくても、われわれはふつう絵や詩の様式とか悲しさを知覚するものだ。まさにこのために、知覚が達成された場合、それはわれわれの作品理解の範囲を拡大するのである。みずからの接近方法では様式に近づき難ければ難いほど、われわれはより以上の調整を強いられる。われわれがより多くの洞察を得れば得るほど、われわれの発見能力は増大する。藝術作品を理解し、また作品が提示する世界を理解するうえで、様式の識別はその必要欠くべからざる側面なのである。

（1）たとえば、ステファン・ウルマンは、*Style in French Novel*（Cambridge, 1957）, p. 6でこう書いている。「話者または筆者が代替可能なさまざまな表現形態から選ぶ可能性がない場合、様式は問題になりえない。同義性が、この言葉のもっとも広い意味で、様式の問題全体の根にある。」この一節はE・H・ゴンブリッチによって、賛意をこめて次に引用されている。"Style," *International Encyclopedia of the Social Science*, Vol. 15, p. 353.

（2）ハワード・ガードナー、ヴァーノン・ハワード、デヴィッド・パーキンズ、シェルドン・サックス、そしてパオロ・ヴァレジオが、この章に関して有益な示唆をしてくれた。

（3）グラハム・ハフの称賛すべきかつ有益な*Style and Stylistics*（London, 1969）p. 4.〔邦訳『文体と文体論―Styles and Stylistics―』四宮満訳、一九七二、松柏社〕変形言語学の分野で同義性という概念がよみがえっていることにたいし彼が懐疑的な点でも私は同意見だ。

（4）E. D. Hirsch, Jr., "Stylistics and Synonymy," *Critical Inquiry*, Vol. 1（March 1975）, pp. 559-579.

（5）Nelson Goodman, "On Likeness of Meaning,"（1949）*PP*, pp. 231-238. 同義性へのこの挑戦は何も最初のものではないが、(1)名辞の外延にのみ依存する分析のもとでさえ、あらゆる二つの名辞は意味を異にすることを示す点で従来のものより前進しており、(2)意味の比較的類似のための基準を示唆し、こうして様式と内容を区別する基礎を提供している。

(6) 「主題」(subject) は話題 (topic) と話題について語られたものとの中間にあるものとして、いささか多義的である。また以下でなされる指摘も両者の関係にかかわるものである。しかし本章の目的からすれば、話題、主題、内容、語られたもの、名づけられたり記述されたり描写されたりしたものなどのあいだの違いは、これらに共通な、以下で論じられる他の特徴との違いにくらべれば、たいていの場合たいして重要ではない。

(7) また、以下の第七章二節の観点からすれば、それは正当でもある。

(8) たとえば、C・バリー。ハフの著書〔注 (3)〕、とりわけ二三ページでのバリーの見解を見よ。

(9) もちろんどちらの作品も他にも多くのことを表出している。

(10) たとえ隠喩的言明が字義通りには偽であるとしても、字義通りの真が字義通りの偽と異なるのとほとんど同じくらい、隠喩の真は隠喩の偽とは異なっている。これを含め他のさまざまな問題――隠喩、外延指示、例示、表出、また記号作用あるいは指示一般に関する問題――は本章にとり本質的なものであるが、ここでは簡単に要約することしかできない。これらの問題は *LA* 第二章でより詳しく説明されている。

(11) Kenneth Clark, *Piero della Francesca*, 2d ed. (London, 1969), p. 14.

(12) 問題は作品そのものにかぎられる。たとえば、軍隊の暗号電報として使用された詩の記号機能に様式は関係しない。

(13) この論文で私があげた例は作品である。けれども、様式にかんする私の見解は、実演(performances)にも同様にあてはまる。ひどく濫用された問い「藝術とは何か」——すなわち何かが藝術作品の資格をもつのは(その作品としてのよし悪しは別として)いかにしてなのか、あるいはより適切にはいつなのか——や、これに関連した〈オブジェ・トゥルヴェ〉や概念藝術〔作品の物質的、視覚的側面より、記号や文字などによる非物質的観念的側面を重んじる現代美術の傾向をいう〕にかんする問いは、第四章でもう一度探究される。

(14) さらに第七章六節と七節を見よ。

第三章　引用にかんするいくつかの問題

1　言葉の引用

言語哲学者たちは近年、使用（use）と言及（mention）の混同をいましめる議論の際にはとくに、直接引用の本性に注意を払ってきた。またおそらく、間接引用の正しい解釈には、それよりずっと多くの注意が払われてきたと言えるだろう。事実上、こうした作業の全部はもっぱら言語的引用ないし言葉を使用した引用に限られてきた。他の種類の引用についてはどうなのだろうか。一つながりの語が別の一つながりの語を引用できるというなら、ある絵が別の絵を、あるいはある交響曲が別の交響曲を引用するということがあるのだろうか。そしてもし私があなたの言葉を引用できるのなら、私はあなたの身振りを引用できるのか、それとも単にそれを真似したり、描写したりできるだけなのか。

言葉を使わない引用についてのこうした疑問を検討する前に、言葉の引用について知っていることをおさらいしてみるのが得策だろう。次の文から始めてみたい。

Ａ1　三角形は三辺をもつ〔triangles have three sides〕

この場合、文の真理は問題ではない。私はわざと時制を欠いた言明——その写しがすべて同じ真理値をもつような言明——を選んだ。それゆえ、さまざまな写しを区別せず取り扱ってもかまわない。

Ａ1に引用符をつけることによって、Ａ1の名ができるが、これはまたＡ1を直接引用する。

Ａ2　「三角形は三辺をもつ」

Ａ2はＡ1と違い、文ではなく名であることに注意しよう。もちろんＡ1を引用するかわりに名づけたり記述したりしてもよい。たとえば、

Ａ3　項Ａ1

あるいはＡ１の後に「こと」〔英語ならthat〕を置いて間接的に引用することもできる。

Ａ４　三角形は三辺をもつこと

さてＡ２はＡ１の名であると同時にＡ１を含んでいる。Ａ３はＡ１の名であるが、Ａ１を含むわけではない。Ａ４はどうか。Ａ４はたまたまＡ１を含んでいる。しかし、Ａ１を含まない表現によってそれを間接的に引用することもできる。たとえば、

Ａ５　三角をそなえた多角形は三本のまっすぐな境界線をもつこと

あるいは、

Ａ５′　que les triangles ont trois bords〔Ａ４のフランス語訳〕

ところでＡ４やＡ５はＡ１の名だろうか。決してそうではない。Ａ４やＡ５はむしろ、Ａ

1やそのあらゆる言い替え(1)に適用される述語なのである。たとえばＡ４は「三角形は三辺をもつ、という趣意の表現」の省略形である。

以上をまとめると、

Ａ２はＡ１の名であると同時にＡ１を含む
Ａ３はＡ１の名であるがＡ１を含まない
Ａ４はＡ１を含むがＡ１の名ではない
Ａ５はＡ１を含まないしＡ１の名でもない

すなわち、ある文の直接引用はその名であると同時にその文を含むが、間接引用はその文の名ではないし、必ずしもその文を含まないのである。これとは対称的に、Ａ１を直接にも間接にも引用せず、しかもそれを含む表現が当然あるという事実にも気づかれるだろう。たとえば、

Ａ６　どれか二辺が平行であるような三つの辺をもつ三角形はない。〔No triangles have three sides such that any two are parallel. このなかに、Ａ１の原文のデザイン triangles have three sides が含まれている〕

まとめを見渡してみて、Ａ2とＡ5が共に何らかの種類の引用であると考えられるのに、なぜＡ3とＡ6はそうではないのか、いぶかしく思われるかもしれない。直接引用の必要条件は名づけることと含むことである。[2] この要求の少なくともひとつをＡ3とＡ6は満たしているのに、Ａ5はどちらも満たしていない。にもかかわらずＡ2とＡ5の双方を引用と呼ぶことによって、われわれはＡ5をＡ2に結びつける。これには十分な理由があるのだろうか。

おそらくその説明は次のようになるだろう。Ａ2とＡ5は共にＡ1を指示する（refer）――より詳しく言えば外延を指示する（denote）――のであり、かつまた両者ともＡ1の何らかの言い替えを含むのである。明らかに、(a)引用されたものの何らかの言い替えを含むこと、(b)引用されたものを名づけるか述語づけるかすることによって指示すること――以上が直接にしろ間接にしろ引用の二つの必要条件である。この説明では、「引用」という語の適用を直接引用あるいは本来の引用以外に広げることによって、間接引用を定義することをしていない。むしろ直接引用が間接引用の特別な場合になるのである。しかし、引用の二形態を統一する定式が得られたからといって、重要な相違を隠すようなことは許されない。直接引用にとり、引用されたものと含まれたもののどんな関係が必要かといえば、それは構文論的同一性である。あるいは、引用されたものを普遍的な型（パースによる記号の分類法によれば、記号の個別的な生起を「型代」tokensといい、それらの生起を統御する普遍的な記号の形態を「型」typeという）ではなく発言あるいは書記体とみなすなら、それは構文論的模写、つまり綴りの同一なのである。(3) 他方、間接引用をする際に要求される関係は、意味論的言い替え、つまり指示あるいは意味のある種の同等性なのである。

ちなみに、名が虚構のもので、何ものの名でもないことがあり（たとえば、「ペガサス」）、述語が空虚で、何ものにも適用されないことがあるが（たとえば「地球の第二衛星」）、引用をおこなう名と述語は虚構でも空虚でもありえない。直接引用としての名は虚構ではありえない。というのは、それが名づけるものを名が含むからである。また間接引用としての述語は空虚ではありえない。というのは、それが適用される言い替えのひとつを述語が含むからだ。

引用されたものはもちろん文とはかぎらない。語、音節、文字、それに句読点さえ引用することができる。語にかんしてA1からA3に対応する例をあげよう。

B1　木
B2　「木」
B3　項B1

ところでA4に当たるものは何なのか。A4はA1の言い替え全部に適用される述語なのだから、ここで欲しいのは「木（である）」のあらゆる言い替えに適用される述語である。A4からA6に対応するのは、

B4　木をいう名辞
B5　大きな木本植物を表わす名辞
B5′　mots pour les arbres〔フランス語であらわされたB5の別形〕
B6　木は詩ではない

引用されたものが語ではなくて、文字や無意味な音節である場合、A1からA3に対応するものはこれまた明らかだ。

C1　t
C2　「t」
C3　項C1

しかしＡ４に対応するものを見つける段になると途方に暮れてしまう。ときどき示唆されるのは、文字「ｔ」のあらゆる事例に適用される「アルファベットのティー（である）」とか「アルファベットの二十番目の文字」という述語である。しかし文字の事例あるいは写しはその言い替えではない。というのもすでに見たように、言い替えの関係は意味論的関係であり、指示ないし意味に依存しているからだ。名辞の言い替えはその名辞が適用されるものに適用される。文の言い替えはその文が語るものをもう一度語る。しかし語でも文でもない文字は、指示も意味も欠いているので、言い替えられない。したがってここにはＡ４からＡ５′に対応するものはないのである。Ａ６に対応するものとしては、その文字を含む語なら何でもかまわない。たとえば、

Ｃ６　at

語「ペガサス」については、文字「ｔ」のように何ものも外延指示しないにもかかわらず、興味深いことには事情が異なる。Ａ１からＡ３に対応するものは、以下のとおりである。

D1　ペガサス

D2　「ペガサス」

D3　項D1

しかし、A4に対応するものは「木」の場合のように存在するのだろうか、それとも「t」の場合のように存在しないのだろうか。「木をいう名辞」が単に「『木』と同じ外延をもつ表現」を意味するにすぎないとすれば、「ペガサス」の言い替えという概念は、「t」の言い替えという概念と同様に無効である。しかし「ペガサス」は「t」とは異なり、名というカテゴリーに属する語であって、「絵」や「記述」のような他の語と複合されれば、空でない外延をもつ名辞ができる。このような複合名辞の外延は「ペガサス」の二次的外延[4]である。

今やA4やB4に対応するものとして次がえられる。

D4　「ペガサスをいう名辞」

これは「ペガサス」のあらゆる言い替えに適用されるが、この場合、名辞の言い替えは問題の名辞の一次的外延だけでなく、必要な[5]二次的外延をも保存する。要するに「ペガサス」を言い替えることができる理由は、一次的外延は欠いているもののそれが二次的外延を欠いてはいない点であり——平たく言えば、それが無意味ではないという点である。同じようにしてA5からA6に対応するものは、

D5　ベレロフォン〔ペガサスにまたがり怪物キマイラを殺した、ギリシア神話の英雄〕の有翼の馬をいう名辞

D5′　mot pour le cheval ailé de Bellerophon〔D5のフランス語訳〕

D6　ペガサスの翼

これまではもっぱら言葉を使った引用あるいは言語的引用を論じてきた。そして直接・間接を問わず、そうした引用には二つの必要条件があることがわかった。すなわち、

(a)引用されたもの、あるいは何か別のその写しや言い替えを含むこと、そして、

(b)引用されたものを——名づけたり述語づけたりすることによって——指示すること。

右の条件は十分条件ではないことを注意しておかねばならない。次の名辞

E　the twentieth letter of the alphabet〔「アルファベットの二十番目の文字」という記述。見てのとおりtが八回出現している〕

は記述された文字を指示すると共に含んでもいるが、明らかにそれを引用しているわけではない。したがって直接引用に対して、次のような要件を付け加えておく必要がある。

(c)外延指示されかつ含まれた表現を当該言語の他の表現に取りかえた結果、この取って代った表現を外延指示する表現がもたらされること。

明らかに、引用符の内部にあるものを取りかえる操作はこの要件を満たすだろう。が、前掲の記述中の記述された文字のかわりに他の文字（あるいは語など）を置く操作は、これを満たさないだろう。ふつうその結果は無意味になる。たとえば、tをfに変えると次のようになる。

F　the fwenfiefh leffer of fhe alphabef

2　絵の引用

言葉を使わない体系で引用がなされるのはどんな場合だろうか。絵画における直接引用から話を始めよう。どんな場合に絵はもう一枚の絵を直接に引用するのだろうか。

明らかに、ある絵が別の絵に含まれているだけでは引用は成り立たない。それは、A6、B6などで、ある表現がもうひとつの表現に含まれているだけでは引用が成り立たないのと同じである。二重に描かれた肖像画は、そこに含まれた肖像を引用しているわけではない。また海の風景はその中の船の絵を引用してはいないのである。

さらに、ある絵が別の絵を指示するからといって、引用をおこなっているわけではない。美術館の一室に掲げられた絵の画面にレンブラントの『夜警』の片端だけが示されていたり、あるいはその画面に、『夜警』を見る人びとの頭が絵の多くの部分をさえぎっている情景が示されているとしてみよう。この絵は『夜警』についての絵でありそれを指示するが、引用してはいない。なぜならそれを含まないから。絵がもうひとつの絵を直接引用するのは、それを指示するとともに含む場合だけなのである。しかし、みずからが含む別の絵を絵が指示する手段は何だろうか。言いかえれば、絵で引用符になぞらえられるものは何なのか。

いまさら言うまでもないが、引用符がある表現の前後につけられるとそれを直接引用するるように、ある絵を直接引用するために、額縁の絵を問題の絵の回りに置くことができる。絵がイーゼルの上にあるさまを描くとか壁にかかっているさまを描くというような、同じ働きをする他の仕掛けもある。しかしわれわれはここで奇妙な困難に直面する。『夜警』

を直接引用する絵を描きたくても、『夜警』そのものを画布に置き入れたり、額縁の絵を『夜警』のぐるりに描くことは私にはまずできそうもないのである。含むという条件は、絵はそのなかに現実にあるものだけを引用できるという意味なのか。これはもちろん厳しすぎる要求だろう。

もう一度A1とA2を振り返ってみよう。先に注意したようにA1とA2を普遍あるいは型《タイプ》とみなすなら、A2はA1を含むといえる。しかしもし両者を個別的な書記体（すなわち型代《トークン》）とみなすなら、A2（あるいはそのあらゆる写し）はA1の何らかの写しを含むと言うべきである。書記体A2は書記体A1を含むのではなくて、むしろ書記体A1の写しを含むのである。

しかしながら絵画の場合厄介なのは、（他の各種の表現と違って）絵画が私のいわゆる単一記号系に属するという点である[6]。おのおのの絵画は無比のものである。術語として写しの意味を解するなら、語句の写しはあるが、絵の写しは存在しない。写し《レプリカ》であることと模写《コピー》であることとはまったく別のことである。この点をわれわれは記憶にとめておかねばならない。たがいにいちじるしく異なる写しであるにもかかわらず、それぞれの綴りは同じであるかもしれない。絵画にはアルファベットもなければ、綴りの同一性を定める表記上の基準もない。だから絵には、言葉の直接引用との厳密な対応物は存在しないのだ。

他方、写真は無比のものではない。写真の画像は複数記号系なのである。一枚のネガをもとに作られた何枚ものプリントのあいだの関係は、ある語のいくつもの写しのあいだの関係にある程度まで比較することができる。もっとも二つの関係は同じではない。前者の場合は自書体のみの記号系であり、後者の場合は異書体をいれる記号系である。すなわち、プリント相互の関係は同じネガから作られたということに基づくのだが、書記体同士の関係は同じ仕方で綴られるということに基づく。それでも、二つのシステムはその記号が複数の事例をもつ点で複数記号系だから、プリント相互の「複写」なるものを——たとえそれが書記体同士の写しの、本当をいえば不正確な類比であっても——一応、認めてもよいかもしれない。だからこの意味では、ある写真が別の写真の複写を現実に含むと言ってよい。そのうえ、もし別の写真がフレームなどのなかに収められているさまを示すことによって、この写真が別の写真を指示する場合、これは別の写真を直接引用するのだと言えないこともない。

絵やスケッチに話を戻そう。「複写」あるいは「写し」のかわりに「模写」という概念を使って類比をさらに広げることは正当だと言えるだろうか。すでに見たように、自書体のみの単一記号系の内の関係である模写と、異書体をいれる複数記号系内の関係である写しとははなはだしく異なるから、「模写」という概念を使った類比はごくわずかしか拡大できないだろう。しかし、いったん類比を広げはじめたなら、それをどこで止めるかはかなり恣意的である。ここで私が言いたいのは次のことに尽きる。すなわち、何を絵の直接引用と考えるかは、われわれが何を、言葉の直接引用における写しの、絵画における適切な類比物とみなそうとするかによるだろう、ということである。

絵の間接引用についてはどうだろうか。絵画のなかに述語の類比物を、ある絵画のあらゆる言い替えに適用される「述語」を発見できるだろうか。述語に要求される一般性は、この場合なんら問題ではない。絵は特定の絵ではなく多くの絵を指示しうる。それは『夜警』[7]についての絵ではなく、おしなべて一群の絵についての絵、あるいはレンブラントの絵一般についての絵などでありうる。また絵の模写を何とか都合よく解釈して、言い替えに十分類比的にすることもおそらくできるだろう。しかしそのとき、われわれは厄介な問いに直面する。引用符の絵画上の類比物が描かれた額縁であるならば、間接引用の「(……という)こと」あるいは短く「と」(英語でthat)(あるいは「……をいう名辞」)(英語で-term)になぞらえられるものは絵では何だろうか。思うに答はこうだろう。直接引用と間接引用との区別は、絵画では言語ほどはっきりしておらず、描かれた額縁は引用符の類比物としても「こと」の類比物としても機能しうるのである。それがどちらかはただ文脈によって決定されるのだ。これとどこか似た両義的装置を言語のひとつである日本語に含ませようと

思えば容易にそうできる。たとえば、

太郎は{三角形は三辺をもつ}と言った〔Taro said {triangles have three sides}〕

で使われた大括弧で挟まれた部分

{　}

は太郎が問題の特定語句を発言したのか、それともその言い替えを発言しただけなのか、この点には関知しないと考えることができる。文脈によって両義性が解消され直接引用という解釈が有利にならないかぎり、間接引用の効果が生じる。もちろんある程度は、日本語の「と」も同様に文脈の影響をうけて引用符の力をもつことができる。たとえば、

太郎は三角形は三辺をもつと、まさにこの言葉どおりを言った。〔Taro said in just these words that triangles have three sides〕

3 音楽の引用(8)

音楽の引用にかんする問題はまったく別種のものである。ここでは探求の範囲を、様式が伝統的であるか否かにはかかわりなく、伝統的表記法で記譜された音楽に限定しよう。表記法《ノテーション》は写しの集合を定義する。すなわち、同じ楽譜の二つの演奏は、その他の点でいかに異なっていようともたがいに相手の写しであるとみなされる。こうして、ある音楽的出来事が別の音楽的出来事の写しを含むことについては何の困難もない。

ここでの問題はむしろ指示にかかわる。言語においてと同様、単に含むという条件は引用を構成しない。しかし音楽で、ある楽節の写しを単に含むこととその楽節を指示することを区別するのは何だろうか。言いかえれば、音楽で引用符に相当するのは何か。素直に考えれば、答は「何もない」であるように見える。奇妙なことだが、引用に対する二つの要求のうち、含むという条件は絵画で面倒を起こし、指示の条件は音楽で面倒を起こすのである。

音楽で引用符に相当するものがないのは、しかし、たまたまそうなのだと思われる。引用符の役目をする符号(9)(ふつうの引用符そのものでかまわない)を音楽の表記法へ導入するのを妨げるものは何もない。もしこれらの符号が演奏されない——すなわちそれらに伴う音がない――なら、言語との類比は非常に密接になる。というのも言語にそなわる引用符は発音されないからだ。それは書き言葉には登場するが、話し言葉には登場しない。英語の口語では以下の二つは区別されないのである。

(a) John said triangles have three sides

(b) John said "triangles have three sides"

われわれが言ったり聞いたりするものは、この(a)か(b)のどちらかだろう。そして(a)は(c)の省略形である。

(c) John said that triangles have three sides

英語を話すさい、われわれは一法として that を置くことによって――これは引用符と違って発音される――引用が直接か間接かの疑いを解消できるのである。しかし現状の英語では、この疑いを別の方法では解消できない。もちろん文脈、強調、息つぎ《ポーズ》などによる手掛かりが助けにはなるかもしれない。たとえば右の場合、said が強く発音され、はっきりわかる息つぎがそれに続くならば、明らかに直接引用が示されているのだ。そしてこのような手掛かりは、十分に標準化されれば、言語や音楽における直接引用を検知する聴覚装置を構成するだろう。

音楽の表記法に音にならない引用符があってもおかしくないのに、実際にはそれがない理由は、たぶん音楽では音が最終生成物であるからだろう。ところが言語、たとえば英語では反対に、書かれたものは語られたものの単なる手段ではなく、それ自身少なくとも同じだけの重要性をもっている。書かれたものの全部が口にされるとはかぎらないという事実は、口にされなかったものを余計者にするわけではない。

音楽の間接引用にかんして、言い替えに相当するものがあるとすれば、それは何だろうか。すでに注意したように、（何なに）の言い替えは意味論的関係である。しかし音楽はほとんどの場合外延指示をもたない。ある名辞は同じ一次的外延と、（談話によりけりだが）若干の同じ二次的外延とをもつ別の名辞によって言い替えられる。しかし、外延を欠いた音楽は文字や無意味な音節〔たとえば t や tps〕と同様、言い替えがきかない。移調や変奏が音楽では言い替えに相当するのだというおきまりの提言は、明らかに間違っている。というのも音楽での移調や変奏は意味論的関係ではなく構文論的関係なのであって、まさに音符の関係とパターンに依存しており、それらが外延指示するものに依存するのではないからだ。(10)

音楽がなにかを記述しまさに外延を指示する場合〔たとえば標題音楽というジャンル〕には、言い替えということが意味をもつ。しかし、間接引用には、与えられた楽節のあらゆる言い替えに適用される「述語」の類比物が必要である。すなわち音楽ではさらに、日本語なら「こと」〔that〕あるいは「をいう名辞」〔-term〕に相当するものが必要なのだ。後者は引用符と違って発音されるから、音にならない記号を音楽の表記法にただつけ加えるだけではこの点で十分ではない。もし音楽で間接引用をおこなおうとするなら、英語の話し言葉で that が省かれた場合に強調や息つぎが手掛かりになるように、聴覚上の手掛かりを用いてこれを実行できるのである。

4　系の間の引用

引用されたものと引用するものとが時に異なった系（システム）に属することは、すでに例証しておいた。間接引用の述語が日本語だけでなく他の言語を用いた言い替えにも同じようにあてはまることは言うまでもない。だからこそ、

太郎は三角形は三辺をもつと言った

のような言明は、太郎がフランス語で言ったとしても真なのである。

さらにどんな言語の表現でも、引用符で囲い込むことによって日本語に直接引用することができる。外国語の表現はそれを囲い込む引用符と結合して、日本語の名辞——引用された表現の日本語の名——を生む。アロンゾ・チャーチ〔現代アメリカの数学者、論理学者。一九〇三—九五〕が強調したように(11)、

Jean a dit: 《Les triangles ont trois bords》

のような文は日本語に正しく翻訳すると

ジャンは「Les triangles ont trois bords」と言った

であって、

ジャンは「三角形は三辺をもつ」と言った

ではない。というのは、これではジャンが日本語の文を発言したという、間違った報告になるからである。

もちろんフランス語の小説が日本語に翻訳されるとき、会話も地の文と同様日本語に直される。引用符のこうした（文字通り《リテラル》ではなく）文学的《リテラリー》利用は直接引用と間接引用との中間物を生み出す。この場合、文字通りの直接引用とは反対に、引用するものは引用されたものを含まない。しかし間接引用とは反対に、含まれたものは引用されたものの単なる言い替えではなくその翻訳なのだ。このように、翻訳は言い替えよりは狭い関係である。

このよりゆるやかな「文学的な」類いの引用に相当するものを絵画の面で考えてみよう。ある絵が標準的な西欧風の遠近法のとりきめに従って描かれているとしよう。その画面には壁にかかった浮世絵が示されているとする。含まれた版画は厳密な意味の引用に要求されるように、東洋風のとりきめに従って描かれている。フランス語の小説で引用符の内部にあるものを日本語に翻訳する行為に相当するのは、この場合、浮世絵版画を西欧風の遠近法に翻訳することであろう！　この例の音楽にとっての類比は明らかである。

どんな言語から抜きだした語句でも日本語の中に引用できるとすれば、言語以外のシステムから抜きだした記号も、同様に日本語に引用できるのだろうか。絵のまさに絵による引用について前に論じた制限に従うなら、日本語のテキストのなかで絵は（外国語の単語と同じく）それを囲む引用符と結合して日本語の名辞を作る。これと対照的に、絵（あるいは外国語の語句）が引用符なしで登場するなら、そのテキストは日本語によるものではなくシステムの混合物となる。

さらに言い替えはどんな言語でもおこなえるから、言葉を使わずになされる言い替えを認めるのに障害となるものはほとんどない。もし絵が言明をなすと（第七章五節の主旨に反して）仮定するならば、

太郎は雲にはたくさんの雷神がいると主張した

において「と」で終わる述語は

雲にはたくさんの雷神がいる

の言葉による言い替えと、絵画による言い替えの双方に適用されると解することができる。太郎はこの語句を日本語で発してもトルコ語で発してもよかったし、絵を描いてもよかったのだ。もちろん述語の適用は文脈によってしばしば制限される。たとえば「主張した」

を「言った」に置き換えた場合、それは言葉による言い替えに制限されるし、「主張した」を「絵で明示した」に置き換えた場合は、絵による言い替えに制限されるのである。

こうして絵を言語に直接または間接に引用できるように、言語表現も絵によって引用できる。なじみの例はヴィクトリア朝風の部屋を描いた絵のなかに示された座右銘《モットー》である。描かれた字枠はそこに含まれた言葉、たとえば、

Home, Sweet Home〔家庭よ、楽しい家庭よ〕

と結合して言葉の記号ではなく絵画的記号を作る。絵のシステムと言葉のシステムとを交互に使うことによって、英語の座右銘の絵による引用を、今度は英語に引用したり、得られた言葉の引用をふたたび絵に引用したり、以下果てしなく引用をなしうるだろう。

要するに、みずからの記号を引用する手段をもつ視覚的システムは、通常ほかの視覚的記号を引用する手段をもつのである。

5 異なる記号媒体間の引用

絵や外国の言葉を引用する日本語のテキストはあくまでも日本語であり、言葉を引用す

る絵はあくまでも絵である。ところで、絵が音を、あるいは音が絵をどうやって引用できるというのだろうか。明らかに、「含む」という概念が適切な限界を越えて拡張される場合にしか、絵は音を、あるいは音は絵を含むことができない。

しかし、英語の話し言葉が書き言葉のなかに、また英語の書き言葉が談話のなかにやすやすと引用されることに気づいて、われわれは思わず足を止める。視覚像と音との隔りは（含むことをともなう）引用によって架橋するには大きすぎるように思えるが、しかし日常談話のうちではさりげなく橋渡しされているのだ。

このことは同じ表現内容をもつ書記体と発言との密接な対応から説明される。実際、ある表現の発言の形態と書記体とは表現の事例として同じ地位を占めている。両者はたがいに相手の写しだと考えることができる。綴りが同一であるかぎり、写しは外見や音で、あるいは媒体でさえ、異なることがある（*LA*: IV, 7）。まさにこのゆえに、私は太郎が語ったものを書き言葉に、あるいは彼が書いたものを談話に引用できるのである。しかし一般に、聴覚的記号と視覚的記号とがおたがいこうした確定的関係にあるわけではない。

この点で、言語にもっとも近い類比物は音楽のうちに見出される。楽譜とその演奏との関係は媒体の異なる写し同士の構文論的関係ではなく、記号とその随伴物との間の意味論的関係ではあるが、しかし、書き言葉と話し言葉の関係と同じくらい確定的である。われわれは談話を、それに相関する書き言葉を引用符で囲い込むことによって文書に引用することができる。それゆえ同じように、われわれは楽の音を、楽譜を引用符のなかに置き入れることによって紙の上に引用することができるのだ。一枚の楽譜を示している絵は、このかぎりで、鳴り響いた音楽をやはり引用しているのである。また「それはこんな風だった」と太郎が言い、次いでベートーヴェンの第五の冒頭を口ずさむなら、彼は音だけでなく、実際に楽譜をも引用しているのだとみなしてかまわないのである。

6 反省

本章冒頭の段落末尾で私が提起した身振りの引用にかんする問いを、私は読者にゆだねよう。

この章の私の目標は、言語における引用との厳密な類比物を言語以外のシステムに見出す、ないしは押しつけることではなかった。そのように厳密な類比物を望んだわけではないしまたその必要もなかった。むしろ私は、引用とそれにもっとも近い類比物との比較研究をやってみたのである。記号を結合したり組み立てたりする方法がそうであるように、これらの類比物は世界制作の道具の一員なのである。

（1）間接引用を扱うさいに、私はイズリアル・シェフラーの取り扱いと術語を採用している。次を参照。"An Inscriptional Approach to Indirect Quotation," *Analysis*, Vol. 14（1954）pp. 83-90, and "Inscription and Indirect Quotation," *Analysis*, Vol. 19（1958）, pp. 12-18.

（2）私はこれらが十分条件であるとは言っていない。実際、これらだけで十分条件にならないことが後で分るだろう。

（3）発言、書記体、写しについては*SA* の第十一章、一節および二節を参照。綴りの同一性という一般的な概念については*LA* 第四章二節参照。

（4）二次的外延という概念については以下の拙論を参照。"On Likeness of Meaning"（1949）and "On Some Differences about Meaning"（1953）, *PP*: V 2 and 3.

（5）すべての二次的外延の保存は強すぎる要求である。右の注（4）に挙げた論文を参照。

（6）単一、複数、自書体のみの、異書体をいれる記号系のそれぞれについては、*LA* 第三章三節および四節参照〔「用語解説」を参照〕。

（7）一般的な再現（representations）については*LA* 第一章五節を参照。またモンロー・ビアズリーに対する私の答弁 *Erkenntnis*, Vol. 12（1978）, pp. 169-173 を参照。

（8）この論題についてはヴァーノン・ハワードとの議論から利益を得た。

（9）人の話では、ちょうどこのようなやり方で引用符を使っている作曲家がいるというが、私は例を挙げることができない。

（10）ヴァーノン・ハワードは次のような興味深い示唆をおこなった。もし言い替えを、外延指示と並んで例示を含めた指示一般を保存することと解するなら、おそらく音楽の変奏は例示という指示を保存するという意味で、言い替えと解されるだろう、というのだ。彼の "On Musical Quotation," *The Monist*, Vol. 58（1974）, pp. 307-318 を参照。

（11）彼の論文 "On Carnap's Analysis of Statements of Assertion and Belief," *Analysis*, Vol. 10（1950）, pp. 97-99 を参照。

第四章　いつ藝術なのか

1　藝術における純粋なもの

「藝術とは何か」という問いに答えようとする試みが、まるでおさだまりのように、欲求不満と混乱のうちに終わるとすれば、おそらく——哲学ではしばしばこんなことが起こるのだが——問いが悪いのである。藝術における記号機能の役割や、〈オブジェ・トゥルヴェ〉やいわゆる〈概念藝術〉の藝術としての地位といった、理論的決着のついていないことがらを明らかにするためには、記号理論の研究成果を適用しながら、この問いを再考することが、その助けとなるだろう。

記号《シンボル》（象徴）の藝術作品に対する関係についてのある驚くべき見解を、メアリー・マッカーシー〔アメリカの作家、批評家。一九一二—八九〕が辛辣な調子で書いたある挿話の例が明らかにしている。(1)

七年前、私がある進歩的大学で教えていたとき、受けもちのクラスのひとつに、短篇作家になりたがっているかわいい女学生がいた。その娘《こ》は私について勉強していたわけではなかったが、私がときおり短篇小説を書くのを知っていた。ある日、彼女は講堂にいた私のもとに、息を切らし頰を紅くしてやってきて、こう言った。自分はちょうど物語をひとつ書きあげたところなのだが、コンバース先生とかいう彼女の作文の教師が、それを読んでひどく興奮しているのだ、と。「先生の考えでは、それはすばらしいできで」と彼女は言った、「それで、その出版の口ききをしてくださるつもりなんです。」物語のテーマは何なのか、私は訊ねた。その娘は着るものとデートが好きな、どちらかというと単純な子だったから。彼女の答には卑下の調子があった。それは、ある女の子（彼女自身）とその娘が列車で会った数人の船員についての話だった。少しのあいだ動揺のおももちだった彼女の顔は、やがて喜びの表情になった。

「コンバース先生は私といっしょに物語をよく検討してくださるそうですし、私たちは象徴《シンボル》をそこに加えるつもりなんです。」

おそらく今日では、純真な藝術科の学生にむかって、以前とかわらぬ巧妙な仕方で、象徴（記号）を締め出しなさいと教えられているのだろう。しかし、根にある仮定は同じものである。すなわち象徴は、作品の魅力の要素であれ娯楽の要素であれ、作品そのものにとり外在的だという仮定である。これと類縁の考え方は、われわれが何をもって象徴藝術とみなすかという点に反映されているように思われる。われわれはボス〔ネーデルランドの画家。一四五〇頃―一五一六〕の「快楽の園」とかゴヤの「カプリーチョス」、あるいは一角獣タピストリー〔フランス、クリュニー美術館蔵〕とかダリ〔シュールレアリスム後期を代表するスペインの画家。一九〇四―八九〕のたれさがった時計のような作品をまず思いうかべ、それからおそらく宗教画（それは神秘的であればあるほどよい）を思いうかべる。ここで注目すべき点は、象徴的なものと秘儀的なもの、ないし超自然的なものとの結びつきではなく、むしろ、作品を象徴的なものとして分類する基礎が、この作品が象徴を題材とすること——すなわち、作品が象徴（記号）であることではなく、それを描写することにあるということだ。こうした分類は、何も描写しない作品だけでなく、不可解な暗示ぬきにストレートに主題が解釈され、それ自身は象徴ではない、肖像画、静物画、それに風景画をも、象徴的でない藝術として見捨てることになる。

他方、象徴的でない作品、象徴を欠く藝術作品を分類するために、そうした作品を選ぶだんになると、われわれはただ主題を欠く作品ばかりをとりあげることになる。たとえば、純粋に抽象的、装飾的、形式的といった絵画、それに建築や音楽作品に限られることになる。何かを再現する作品は、それが何だろうと、また再現の仕方がどんなに没趣味だろうと、排除される。というのも、再現することが指示することであるのはたしかだし、それは代表すること、つまり象徴することだから、というわけだ。あらゆる具象的（再現的）作品は象徴である。こうして、象徴を欠く藝術は主題を欠く藝術に限られることになる。具象的作品が一方の取り扱いに従えば象徴的であり、もう一方の取り扱いに従えばそうではないという点は、二つの取り扱いを混同しないかぎり、たいしたことではない。しかし、現代の多くの藝術家や批評家に言わせれば、肝心かなめな点は、藝術作品そのものを、およそそれが象徴したり指示したりするものから、切り離してしまうことなのである。私に引用符をつけて、次のように述べさせていただきたい。というのも、私はこれを考察のために提供したいのであり、今それについて意見を表明するつもりはないからだ。それは当今しきりに唱道される、綱領や方針、あるいは観点などをとりあわせた言明である。

「絵が象徴する（symbolizes）ものは絵にとり外的なもので、藝術作品としての絵の外からつけ加わったものだ。絵の主題（もし絵にそうしたものがある場合の話だが）、多少とも一般に認められた表現手段《ヴォキャブラリー》から選んだ記号（symbols）を使って、絵が指示するさまざまなものは――微妙なものであれ、明白なものであれ――絵の美的ないし藝術意義や性格には何のかかわりもない。絵が指示あるいは代表するものは、そのやり方を問わず、また明示的か隠されているかを問わず、みな絵の外にある。真に重要なのは、他のものとのこうした関係や絵が象徴するものではなく、絵そのものがそうであるところのもの——絵のもつ内在的特性が何かということである。しかも、絵が象徴するものに、その絵の注意が集中されればされるほど、われわれは絵そのものの特性からますます心をそらされる。したがって、絵がおこなう象徴作用（symbolization）はどれも重要でないばかりか、邪魔なのである。真に純粋な藝術はあらゆる象徴作用を遠ざけ、何ものも指示しない。それは象徴作用のような迂遠な関係によって絵に結びつけられる何かのゆえにではなく、まさに絵がそうであるところのもの、絵の固有の性格のゆえに、享受されなくてはならない」

こうした宣言の威力は大したものだ。外在的なものではなく内在的なものに集中せよという勧告、藝術作品はそれが象徴するものではなく、それがそうであるところのものだという主張、純粋藝術は外部への、あらゆる種類の指示を不要にするという結論には、筋道だった見解を思わせる堅固な響きがある。右の言明は、解釈と注釈の息のつまるような藪のなかから藝術を救い出してやろうと、請けあっているのである。

2　あるジレンマ

しかしここでわれわれはジレンマに直面する。もし形式主義者または純粋主義者のこの教説をうけいれる場合、「快楽の園」〔ボスの作品。プラド美術館蔵〕や「カプリーチョス」〔ゴヤの連作版画、一七九九〕といった作品の内容は実はどうでもよく、できるなら除いたほうがよいということになるだろう。しかしもしこの教説をしりぞける場合、われわれは、重要なのはまさに作品がそうであるところのものではなく、それ以外の数多くの事柄だと、主張することになるだろう。前の場合は、多くの傑作にロボトミー〔脳の前頭前野と他をつなぐ神経繊維を切断する手術。現在はおこなわれていない〕という乱暴な施術を提唱するように思われるし、後の場合は、藝術における不純なものを大目に見、外から加わるものを強調するように思われる。

思うに、最善の道は、純粋主義者の立場を、全面的に正しいが、同時に全面的にまちがったものとみなすことだ。しかしどうしてそんなふうにできるのか。まず、外から来たものはやはり外から来たものにすぎぬことを認めよう。しかし記号《シンボル》（象徴）が表現するものは、つねに記号の外部にあるのだろうか。あらゆる記号の実情がそうではないことは確実だ。次のような記号を考えてみよう。

(a)「この一つながりの言葉」、この記号はみずからを代表する
(b)「語」、これは他の語とならんでみずからにも適用される
(c)「短い」、これはみずからや他のある種の言葉、さらに多くの事物に適用される
(d)「十一文字で書かれている」、これは十一文字で書かれている

明らかに、記号のなかには、それが表すものが完全に記号の外部にはないような記号がある。もちろんここにあげた事例はきわめて特殊なものだ。絵のなかでこれに類比したもの——すなわち、みずからの絵であるような絵、あるいは絵が描写するもののなかにみずからが含まれているような絵は、あまりにまれで特異であり、説得力がないとして、脇へとりのけることがたぶん可能だろう。作品が再現するものは、このような若干の例外を除いて、作品の外部にあり、外から加わったものだという点に、今のところ同意しよう。

このことは、何も再現しない作品は純粋主義者の要求を満足するという意味なのだろうか。決してそうではない。第一に、ボスのこの世ならぬ怪物の絵、あるいは一角獣タピストリーのように、間違いなく象徴的といえる作品も、何も再現していない。というのも、そうした怪物や悪魔や一角獣は、そうした絵や言葉による記述のなかにしかないからだ。タピストリーが「一角獣を再現する」と語ることは、それが一角獣的絵(unicorn-picture)

だと語るにすぎず、絵が描いている動物であれなんであれ、そのようなものが存在すると語ることではない。[2]こうした作品は、再現されたものが何もないにもかかわらず、純粋主義者を実際にはまず満足させない。これは奇妙なことだ。だが、こう言うのはおそらく、単にまた例の哲学者の屁理屈なのかもしれない。だから私はこの点を強弁しようとは思わない。そのような絵は何も再現しないが、性格上具象的（再現的）であり、それゆえ象徴的であって「純粋」ではないという点を認めるとしよう。それでもこの機会に、次のことは注意しておかねばならない。すなわち、これらの絵が具象的であるという特性は、絵の外にある何かの再現をともなわないこと、したがって純粋主義者がこうした絵に向ける反対は、それを根拠にするわけにはゆかないということである。純粋主義者の言い分は、何らかの点で修正を要するだろうが、それには単純さと力の犠牲がともなうだろう。

第二に、具象的作品だけが象徴的であるわけではない。何も再現せずまったく具象的でない抽象絵画が、感情やその他の性質、もしくは情動や観念を表出することがある。[3]表出とはまさに絵の外部にある何かを象徴する仕方である――絵自体は意識したり感じたり考えたりはしないのだから――という理由で、純粋主義者は具象的作品のみならず、抽象的表現主義者の作品もしりぞけてしまうのだ。

作品が「純粋」藝術の事例、象徴を欠く藝術の事例であるためには、この見解によると、再現も表出もせず、具象的でも表現的でさえない作品でなければならない。だがそれで十分だろうか。そうした作品は、外部の何ものも代表しないと仮に認めよう。作品に見いだされるのはそれみずからの特性にすぎない、としてもよい。しかしそれを言うなら、絵にかぎらずおよそあらゆるものがもつすべての特性は――実在の人物を再現するといった特性でさえも――その絵ないしそのものの特性であって、外部の特性ではなくなる。

予想できる反論がある。それは、作品がもちうる特性にかんしては、内的とか内在的とか称しうる特性と外的とか外在的とか称しうる特性のあいだに重要な区別がある、というものだ。なるほど、あらゆる特性は作品そのものの特性であるが、そのうちのあるものは明らかに作品を他の事物に関係づけている。しかるに非具象的、非表現的作品はただ内的特性だけをもつではないか、というのである。

この反論は明らかにうまくゆかない。というのも、特性を内的なものと外的なものへ分類するというやり方には、ほんの微かなもっともらしさしかないが、仮にこの分類を認めたとしても、どのような絵でも、他のどのようなものでも、両種の特性をもつことになるからである。ある絵がメトロポリタン美術館にあるということ、それがダルース〔ミネソタ州東部の港町〕で描かれたこと、メトセラ〔ノアの洪水以前の族長。九六九歳という驚くべき長命者〕ほど年月を重ねていないこと、これらを内的特性とはまず呼ばないだろう。作品から再現や表出を除去しても、このような外的特性や外から加わった特性を払拭できないのである。

さらに、内的特性／外的特性という区別そのものが、周知のとおり支離滅裂なものでしかない。察するところ、絵の色や形は内的特性とみなされるにちがいない。しかし、もし外的特性とはその絵なり対象をなにか他の対象と関係づける特性のことだとすれば、色や形は明らかに外的とみなされねばならない。というのも、その対象の色や形を他のさまざまな対象が場合によっては共有するかもしれないし、のみならず、色や形はそれをもつ対象を、それと同じ色や形であるなしにかかわらず、そもそも色や形をもつ他の対象に、関係づけるからである。

ときには、「内的」や「内在的」という用語はやめて、かわりに「形式的」という用語が好まれることがある。しかし当面する文脈における形式的なものとは、形だけの問題ではありえない。それには色も含まれるのでなければならないし、もし色が含まれたとなると、他のものはどうなのか、という疑問が生まれる。肌理《きめ》は、大きさは、素材はどうなのか。もちろん形式的と呼ぶべき特性を、われわれは随意に枚挙することができる。しかし「随意に」ということがことの真相を暴露している。つまり論理的根拠、正当性が消えてしまうのだ。形式的ではないとして除外される特性、すなわち外的特性を、絵をその外部にあるものに関係づけるすべての特性であり、またそうした特性にかぎるという性格づけは、もはやできない。それゆえわれわれは依然として、特性の区別には、もしあるとすればどんな原理が介在するのかという問いに直面しているのだ。言いかえれば、非具象的、非表現的絵画において重要な特性は、その他の特性からどのように区別されるのか、という問いが残るのである。

この問いには答があると私は考える。しかしその解明に取りかかるには、藝術と哲学にかんするこのような仰々しい論じ方を全部捨て去って、大地にどっしり足をつけなければならない。

3 見本

ふたたび、仕立屋や室内装飾業者の見本帳に貼られた、ありきたりの織物の小切れを考えてみよう。それは藝術作品とは考えにくいし、何かを描いたり表出したりするのでもなさそうだ。それは単に《シンプリー》見本でしかない。韻を踏んで言うなら、シンプルなサンプルである。ではそれは何の見本なのか。肌理、色、織り、厚さ、含有繊維などの見本である。そこでわれわれは、こうした見本の眼目は、ひと巻きの布から切り取られたものだという点、したがって残りの生地のもつすべての特性をそれらがもつ点にあると言いたい気になる。しかしそれは軽率にすぎるだろう。

ここで読者に二つの話——あるいは二部からなる一つの話をしたいと思う。メアリー・トリシアス夫人はくだんの見本帳を調べて生地を選び、詰め物でふかふかな彼女の椅子やソファーにまにあう量を、お気にいりの織物店に注文した。そのさい彼女は、生地を見本とそっくり同じにして欲しいと強く言い渡したものだ。包みが届くと、夫人は待ってましたとばかりひもといたが、仰天してしまった。見本そっくりのギザギザの縁取りをした2インチ×3インチの何百もの小片が床にぱらぱら舞い落ちたからである。彼女が店に電話をかけ声高に文句を言うと、店長はむっとなり我慢しかねてこう答えた、「でもトリシアスさん、生地は見本と正確に同じにしろとおっしゃったでしょう。きのう工場から生地が届くと、手伝いの者を夜なかまで店に残して見本にあうよう裁断させたんですよ。」

数カ月後この事件も忘れられたとき、トリシアス夫人は小片を縫い合わせ家具にカヴァーをかける仕事をすませたので、パーティーを開くことに決めた。彼女は市内のパン屋に行き、陳列棚からチョコレート・カップケーキを一つ選び、五十人の客にまにあう量を二週間後に配達してくれるよう注文した。お客がぼつぼつ着き始めたころ、ひとつの巨大なケーキを積んだトラックが乗りつけた。パン屋の女主人は文句を言われるとすっかりしょげてしまった。「でもトリシアスさん、私どもがどんなに困ったか、あなたはおわかりにならないのですか。うちの主人は織物店をやっておりますが、あなたの注文品は一個でなくちゃいけないと、注意してくれたんですよ。」

この話の教訓は、単に人の意向は測りがたいということではなく、見本とはその特性のうちのあるものの見本ではあっても、他の特性の見本ではないということである。あの小切れは、織り、色などの見本なのであり、大きさや形の見本ではない。あのカップケーキは、色、生地、大きさ、そして形の見本であるが、それでもその特性すべての見本ではない。トリシアス夫人は、もし配達された品物が二週間前の同じ日に焼かれた点であの見本に類似していたら、もっとやかましく文句を言ったことだろう。

さて一般に、見本はその多くの特性のうちどれの見本なのだろうか。見本がすべての特性の見本になることはない。というのも、もしそうだとしたら、見本はみずからの見本以外の何ものでもなくなってしまうだろうから。その「形式的」ないし「内的」な特性の見本を云々することは無意味だし、実のところ、何か特定しうる一揃いの特性の見本などはない。見本にされた特性の種類は事例により異なる。たとえばカップケーキは大きさと形の見本であるが、小切れはそうではない。鉱石標本は、ある時ある場所で採掘された石の見本にもなりうる。さらに、見本にされた特性は文脈と状況に応じて大幅に変わる。小切れはふつうその織りなどの見本であって、形や大きさの見本ではないが、もし「室内装飾業者が備えつけの見本とはどんなものか」という問いへの答として私が読者にそれを示すとすれば、その場合それは生地の見本としてではなく、室内装飾業者の備える見本の見本として機能するのである。その結果、今やその大きさや形が見本にされた特性に含められることになる。

要するにポイントは、見本とはその特性のうちのあるものだけの見本であること——あるいはそれを例示すること[4]——見本がこの例示の関係を保つ特性は状況に応じて変わり、見本がその特性の見本の役をある状況のもとで果たすことによってのみ、これこれの特性として弁別されるにすぎないこと、こうしたことなのだ。何かの見本であること、または例示することは、友人であるという関係にどこか似た関係である。私の友人は同定可能な何かひとつの特性や一群の特性のおかげで弁別されるのではなく、ある期間、私と交友関係にあるということによってのみ弁別されるのだ。

このことが藝術作品にかんするわれわれの問題にとってもつ意味は、今やあきらかだろう。純粋主義絵画において重要な特性とは、その絵があらわにし、選択し、焦点をあわせ、展示し、われわれの意識裡に際立たせるような特性——絵がひけらかす特性——要するに絵が単に所有するだけでなく、例示し、絵がそれの見本であるような特性なのである。

この点で私の見方が正しいとすれば、純粋主義者のもっとも純粋な絵画でさえ、記号作用をおこなうのである。それはみずからの特性のうちにあるものを例示する。ところで、例示することはまぎれもなく象徴することである——例示は再現や表出と同じく、指示の一形式なのである。藝術作品はたとえ再現や表出の作用を免れていても、依然として記号なのであって、たとえ作品が象徴するものが事物や人間や感情ではなく、それがひけらかす形、色、肌理からなるあるパターンだとしても、この点にかわりはない。

とすると、私が滑稽めかして語った純粋主義者の先の宣告が全面的に正しいと同時に全面的に誤りだというのは、どういうことなのだろう。それは外から加わったものはまさに外から加わったものだと言い、絵が再現するものはしばしばたいした重要性をもたないことを指摘し、再現も表出も作品の要件ではないと論じ、いわゆる内在的または内的特性、あるいは「形式的」特性の重要性を強調する点では、全面的に正しい。しかし、ただ再現や表出だけが絵画のおこないうる記号機能であると想定し、記号が象徴するものはつねに記号の外にあると仮定し、絵画において重要なのはある種の特性の例示ではなく、その単なる所有であると主張する点は、ことごとく誤っている。

それゆえ、記号（象徴）を欠いた藝術を捜す者がいても、何も見つからないだろう——ただし作品の記号作用のあらゆる様態を考慮に入れることが条件である。再現や表出あるいは例示を欠く藝術があるだろうか——そのとおりである。この三者をすべて欠く藝術はあるだろうか——否である。

ある種の記号作用の忌避をおこなうことによってのみ純粋主義藝術は成立をみる、と指摘しても、この種の藝術を非難することにはならない。この指摘はただ、他のあらゆる藝術を排除して純粋主義藝術を擁護しようとする、よくある宣言のまちがいを明るみにだすだけなのである。絵画のさまざまな流派なりタイプなり流儀なりの相対的価値をここであげつらおうとは思わない。それより重要に思えることは、純粋主義絵画にさえ記号作用があると認めること、このことから、どのような場合にわれわれは藝術作品をもち、どのような場合にもたないかという、永年の問題に手がかりが得られるという点なのである。

美学の文献は「藝術とは何か」の問いに答えようとする絶望的試みで取り散らかされている。ひどいことにしばしば「よい藝術とは何か」という問いと混同されることのあるこの問いは、オブジェ・トゥルヴェの事例——車道から拾ってきて美術館に陳列された石——にとっては深刻な問いとなり、またいわゆる環境藝術〔作品をそれだけで完結したものとせず、環境との関係を作品成立の条件とする立場〕や概念藝術がさかんになるにつれ、いっそう深刻の度を加えている。画廊に置かれた大破した自動車のフェンダー〔この例はデュシャンのレディ・メイド作品を連想させる〕は、藝術作品だろうか。物でさえなく、画廊や美術館には絶えて陳列されないもの——たとえばオルデンバーグ〔スウェーデン出身のアメリカの彫刻家。一九二九—〕の指図でなされた、セントラルパークで穴を掘りまた埋めるという行為についてはどうだろう。もしこれらが藝術作品であるとすれば、車道のすべての石、すべての事物と出来事いものとを区別する所以は何なのか。藝術家がそれを藝術作品と呼ぶことだろうか。美術館とか画廊に出品されたということか。しかしこのような答にはどれもまったく説得力がない。

冒頭で注意したように、この困難は一部、まちがった問いを問うこと——同一の事物があるときには藝術作品として機能し、別の時にはそうは機能しない点を見損うことに由来する。前述の問題をかもす事例にかんして、ほんものの問いは「どのようなものが（恒久的に）藝術作品なのか」ではなくて、「あるものが藝術作品であるのはいかなる場合なのか」——あるいはもっと短く、この章の標題のように「いつ藝術なのか」である。

私の答はこうである——同一対象がある時ある状況のもとで記号——たとえば見本——であり、他の場合にはそうではないことがあるように、ある対象がある時藝術作品であって、他の時にはそうでないことがありうるのである。実際、ある対象は、まさに記号の機能を一定の仕方で果たすことによって、そうした機能を果たし続けるかぎり、藝術作品になる。石はそれが車道にあるあいだはふつう藝術作品ではないが、美術館に展示される場合には藝術作品になりうるのだ。車道では、石はふつう記号機能をなにも果たさない。ところが美術館では、石はその特性——たとえば形、色、肌理——のあるものを例示する。

穴を掘っては埋めるという行為は、われわれの注意が例示をおこなう記号としてのそれに向けられているかぎり、作品として機能する。他方、レンブラントの絵は、破れた窓をふさいだり、覆いとして使われたりする場合、藝術作品の機能を止めるかもしれないのだ。

さて、もちろん何らかの仕方で記号として機能することは、それだけでは藝術作品として機能することではない。あの小切れが見本の役を果たすとき、それだからといって藝術作品になるわけではない。事物が藝術作品として機能するのは、その記号作用がある特徴を示す場合にかぎられるのである。地質学博物館に置かれた前述の石は、ある時代や出所の石、またはある組成をした石の見本として記号機能をひきうけることになるが、かといってそのさい藝術作品としては機能しないのである。

どんな特徴によって藝術作品としての機能をになう記号作用が弁別されるのか、どんな特徴がそうした作用のまさに標識なのか。この問いに応じるには、記号にかんする一般理論の見地からする入念な研究が必要である。それはここでは着手しかねる仕事であるが、私はあえて、美的なものには五つの徴候があるという試案を述べることにしたい。(5) (1)構文論的稠密。すなわち、ある点でのきわめて小さな差異が記号と記号の差を構成するということ。たとえば、ディジタル表示の電子器具に対比される、目盛のない水銀温度計の場合。(2)意味論的稠密。すなわち、ある点でのきわめて小さな差異によってたがいに区別された事物に、それをあらわす記号が提供されるということ。たとえば目盛りのない温度計がやはりそうであり、日常英語も例となる（ただし後者は構文論的に稠密ではない）。(3)相対的充満。すなわち記号の比較的多くの側面が有意味であるということ。たとえば北斎〔江戸後期の浮世絵師。一七六〇―一八四九〕が単線で描いた山の素描では、形、線、太さなどあらゆる要素が意味をもつ。これと対照的なのが次の例だ。その同じ線はことによると毎日の平均株価の図表なのかもしれないが、そこで重要なのは底辺からの線の高さだけである。(4)例示。この場合、外延指示する記号もしない記号も、みずからが（字義的、隠喩的の二通りの意味で）所有する特性の見本の役をすることによって記号作用をおこなう。そして最後に、(5)多重で複合された指示。すなわち、記号がいくつもの、統合され相互に作用しあう指示機能(6)を遂行するということ。この機能には、直接なされるものもあれば、他の記号が仲立ちとなるものもある。

これらの徴候は藝術の定義を提供するものではないし、いわんや藝術の完璧な記述やその賛美ではない。これらのうちのひとつ、あるいはそれ以上があるとかないとかいうことは、それだからといって何かを美的だと称したり称しなかったりする所以ではない。またこれらの特徴がどれだけそなわるかというその程度が、ある対象や経験が美的である程度を測るわけでもまたないのである(7)。結局、徴候とは手がかりにすぎないのだ。患者は病気ではないのに病気の徴候をもつことがあるし、徴候がないのに病気にかかっていることがある。そしてもしこの五つの徴候がそれぞれ別個に藝術の必要条件におおよそ相当し、全部あわせて（症候群として）その十分な条件におおよそ相当するとしたところで、美的なものを限定する曖昧でとりとめない境界を引きなおさねばならなくなるかもしれない。とはいえ、これら特性は、記号が指示するものから（あるいは少なくとも、それに加えて）記号そのものへ注意をふりむけ集中するようしむける点に留意しよう。体系中のまさにどの記号が問題なのか、あるいは同じ記号が二度にわたって現われたのかどうかを正確に決めかねる場合、指示対象がたいへん捉えがたく記号をそれに正しく適用するのにたえまない注意が必要な場合、記号にそなわる少数の特徴ではなく比較的多くの特徴が問題となる場合、記号があらわす特性の事例にこの記号みずからがなっていて、多くの、たがいに関連した、単一もしくは複合的指示機能をおこなうことがある場合、このような場合にわれわれは、交通信号に従ったり科学の教科書を読んだりするときのように、単に記号を透かしてそれが指示するものを眼差すだけではすまされない。そのような場合にわれわれは、絵を見たり詩を読んだりするときのように、絶えず記号そのものを注目しなくてはならないのだ。藝術作品の不透明さを強調し、作品の指示するものより作品が優越する事実を強調しても、記号機能を否定または無視することにはならない。それどころか、もとはとい

えばこの強調は、記号としての作品のある種の特性から導かれるのである。(8)

美的な記号作用を他の記号作用から区別する特定の特徴をこと細かに述べることはさておき、「いつ藝術なのか」という問いへの答が、以上のように記号機能によってなされる点は明らかだと思われる。ある対象が記号として機能する場合、そしてその場合にかぎりそれは藝術であると言うことは、おそらく当り前のことを大袈裟に述べているか、省略したもの言い様か、どちらかだろう。レンブラントの絵は単なる覆いとして機能する最中にも、一枚の絵であることに変わりないのだから、依然として藝術作品である。一方、車道から拾った石は、藝術の機能を果たしながら厳密には藝術にならないことがある。(9)同様に、椅子は人が一度も坐ったことがなくともやはり椅子なのだし、荷箱はそこに坐るという使い道以外の使われ方を一度としてされたことがなくても、やはり荷箱なのだ。藝術が何をするかを語ることは、藝術が何であるかを語ることと同じではない。しかし私は前者こそ何をさておいても格別に重要なことだと言いたい。束の間の機能によって永続する特性を――「いつ」によって「何」を――定義するという、さらに立入った問いは、藝術に限ったものではない。それはきわめて一般的なものであり、藝術作品の定義のためであると同時に椅子の定義のための問いである。次々に繰りだされる性急で不適切な答のパレードは、問いがありきたりであるのと同様、いつも変わりばえがしない。たとえば、ある対象が藝術——あるいは椅子——であるかどうかは意図次第であるとか、あるいはそれは、藝術（あるいは椅子）として機能するのが時どきなのか、たいていそうなのか、つねにそうなのか、絶対的にそうなのか、このような違いに拠る、などと言われる。こうした問いや答はすべて、藝術にかんするもっと大事で意義ある多くの問いを曇らせる傾きがあるので、私は、藝術がそれであるもの（本質）から藝術がなすもの（機能）へと注意を転じたのである。

記号作用のきわだった特徴は、生じたり消えたりしうる点だと、これまで力説してきた。ある対象がさまざまなおりにさまざまな事物を象徴するかと思えば、また別のおりには何ひとつ象徴しないということがある。惰性的な対象やまったく実用的な対象が藝術として機能しはじめることがあり、藝術作品が惰性的対象もしくはまったく実用的な対象として機能しはじめることもある。おそらくは、藝術は長く人生は短い（もとヒポクラテスが医術について述べた言葉。「医術の修業には人生は短すぎる」という原義から、「人生の短さに比べ、すぐれた藝術作品は永遠の生命を保つ」と意味を変えた）というより、どちらも束の間のものなのだ。

藝術作品の本性のこうした探究が本書全体の企てにかんして有する意味は、いまやきわめて明白になったにちがいない。どのようにしてある対象なり出来事が作品として機能するのか、このことは、どのようにして作品として機能するものが、指示のさまざまな様態を通じて、世界のヴィジョンに——そして世界の制作に——寄与するかを、説明するのである。

（1）"Setting the Colonel's Hash," *Harper's Magazine*, 1954. *On the Contrary*（Farrar, Straus and Cudahy, 1961）, p. 225 に再録。
（2）なお "On Likeness of Meaning"（1949）および "On Some Differences about Meaning"（1953）, *PP*, pp. 221-238 を参照。*LA*, pp. 21-26 も見よ。
（3）白黒の絵で、情動に加えてたとえば運動が表出されることがある。たとえば第二章三節の二つの絵を見よ。また *LA*, pp. 85-95 の表出についての議論を参照。
（4）例示にかんする立ち入った議論は *LA*, pp. 52-67 を見よ。
（5）*LA*, pp. 252-255 と、同所で示唆されたその前の箇所を見よ。第五の徴候はアイオワ大学のポール・ハーナディ、アラン・ネイゲル両教授との会話の産物としてここに追加された。
（6）これにはふつうの両義性は含まれない。ふつうの両義性の場合、ある名辞がさまざまなとき、さまざまな文脈で、まったく独立の二つもしくはそれ以上の外延をもつのである。
（7）たとえば構文論的に稠密ではない詩が、四つの徴候すべてを呈する絵画より藝術性に欠けるとか、藝術になりそうもないなどという帰結は導かれない。美的記号のなかには、美的でないある種の記号より少ない徴候しかもたないものがあってよい。これはときどき誤解されることだ。

（8）純粋主義者が全面的に正しいと同時に全面的に誤っているという言明を別に言いなおすと、こうなる。

（9）あたかも赤くないものがあるときに赤く見えたり、赤いと言われたりすることがあるように、藝術ではないものがあるときに藝術として機能したり藝術だと語られたりすることがある。あるものがあるときに藝術として機能すること、そのときそれが藝術という地位にあること、そしてそのときそれが藝術であること、これらはすべて同じことを言うとみなしてよい——ただし、これらのことがどれも、そのものへ永続する地位を付与することを意味するものではないと解するかぎり。

第五章　知覚にかんするある当惑

1　存在しないものを見るということ

ときたま少々せっかちに「目の前にあるものが見えませんか」と私に訊く人がいる。まあ、見えるともいえるし見えないともいえる。私には目の前の人びと、椅子、書類、それに本が見えるし、また目の前にある色、形、パターンも見える。しかし私には、これもまた目の前にある分子、電子、赤外線が見えるだろうか。また私にはこの州、合衆国、宇宙が見えるだろうか。実のところ、後者の包括的存在者にかんしては、私に見えるのはただその一部分にすぎない。しかしそう言うなら、人びと、椅子等についてもその一部しか見えないのだ。ところで私が本を見、本が分子の集積であるというなら、私は分子の集積を見ることにはならないか。しかし他方、分子はひとつも見えないのに、分子の集積は見えるとはどういうことだろうか。「分子の集積」という表現は私が見るものを記述する精妙な方式であって、単なる視覚によっては得られない。だから、分子の集積を見るといった言い方はできないのである。それなら同様に、私が磁石や毒キノコを見る、といった言い方が不可能になりはしないか〔磁性や毒性は、色や形といった特性ではなく、物理的性向である〕。私が講義のさいフットボールのコーチを見たかどうかを誰かに尋ねられ、私が「見なかった」と答えるとしよう。しかし、もし彼が聴講者に交っていたのが事実なら、私はもちろん聴講者全員を見たのである。私は彼を見たのだが、見なかったと言う。なぜなら、まんなかの八列目右端の男がフットボールのコーチだとは知らなかったからである。

今われわれはすんでのところで、明らかとは言いかねる、おなじみの、紛糾した多くの問いに迷い込むところだった。それを聞けば読者は喜ぶだろうし、こう述べる著者はもっと喜ばしいのだが、私が扱おうとしているのは、目の前にあるものを見るとか見ないとかにかんするこの種の問いではない。むしろ私は、目の前にないものを見るという若干の事例を扱うつもりである。

2 作られた運動

われわれが存在しないものをしばしば――かなりの規則性と予測可能性をともなって――見るという事実は、心理学の文献で例証された錯視、手品の見物、校正といった経験から、十分明らかだと言わねばならない。私がここで論じたいのは、存在しない運動または変化を見るという経験である。なぜならそれはいくつか興味深い理論的問題を提起する[1]からだ。私が拠り所とするのは、主としてポール・コラーズの『運動知覚の諸側面』である。

もっとも単純でよく知られた仮現運動〔継起する感覚刺激がないのに知覚される見かけの運動〕の現象は、背景の上に点を非常に短い間露光し、続いて一〇ないし四五ミリ秒間おいて同じような点をわずかに離して露光するとき出現する[2]。同じ距離で時間間隔を短くすると、二つの点が同時に光ったように見える。距離を長くすると、二つの点があいついで光ったように見える。しかし、特定の時間間隔のもとでは、ひとつの点が最初の位置から次の位置に運動するのが見えるのである。コラーズによれば、これは一八七五年にジグムント・エクスナー〔オーストリアの生理学者。一八四六―一九二六〕が最初に実験にゆだねたときすでに「実験室でおこる周知の珍奇な現象」であったが、一九一〇年のマックス・ヴェルトハイマー〔ゲシュタルト心理学を創始したドイツの心理学者。一八八〇―一九四三〕の仕事に至り、ようやくより体系的に研究されたものである（*AMP*, 1-2）。研究の遅れた原因は適切な装置がなかったことに一部よるのだが、「物理刺激と心理経験との間に一対一対応があると論じた機械論哲学」の抵抗によるところがずっと大きい、とコラーズは推測する。「仮現運動は、この当然視された等価性と劇的に背反する現象である」（*AMP*, 3）。残念ながら、教条と劇的に背反する現象がその教条の妨げになる例は、たまにしか起こらない。

今日では、仮現運動というこのきわめて単純でありふれた事例が人の目を見張らせることはなくなった。仮現運動は不用意にも、実証されてはいないが想定される原因、すなわち神経弓の飛びこし、網膜または皮質の短絡《ショート》に起因するとされている。実際に、この現象はむずかしく意義深い問題をいくつか提起する。第一に、仮現運動の知覚は、点がある場所から他の場所へ現実に動いてゆく現実運動の知覚とどれだけ似ているのだろうか。後者の場合、われわれは点を経路の端から端までたどることをせず、径路を通過する点がない場合とほとんど同じように、単にいくつかの場所でそれを拾いあげ、残りの場所を埋めているのではないか。「運動探知器」(3)は、現実運動の知覚と同じく仮現運動の知覚にも含まれているのだろうか。もしそうだとすれば、むしろそれはすばやい継起の探知器なのだろうか。もしそうでないとすれば、運動の視知覚は必ずしも探知器に依存しないことになる。第二に、仮現運動の場合、最初の発光から第二の発光へ走る径路に沿って介在する時空を、第二の発光が生じる前にわれわれが点で埋めることができるのはどのようにしてなのか。どちらへ行くかをわれわれはどうやって知るのか。ヴァン・デル・ヴァールスとローロフス(AMP, 44)は、介在する運動は回顧的に作り出される、つまり第二の発光が生じた後ではじめて作られ、時間を逆行して投影されるという興味深い仮設を提唱している。(4)

コラーズはその著書で、現実運動の知覚との類比も回顧的構成という仮設も共に退けている。しかしどちらも、やすやすと放棄されるほど受け入れ難く説得力に欠けた考え方であるわけではない。そこでこれから、いくつかの論証と証拠を検討してみたい。

3　形と大きさ

コラーズは小さな点あるいは光点のかわりに図形を続けて発光して示すときに何が起こるか、と問うことを皮きりに彼の実験的探求を始めた。図形はある意味で多くの小さな点から成るのだから、同じ図形を二度発光して示す場合、小さな点の場合と同じようにそれが運動するのが見えるだろうと、当然予測が立つ。しかし異なる図形、たとえば最初に正方形、次いで三角形もしくは円が発光する場合はどうか。あるいは二つの図形が形は同じだが大きさが違うとしよう。違いがどんな種類かは問わず、それが小さいなら、たがいになめらかに橋渡しされると予想してよい。しかしなめらかな移行を断ち切って、物理的にも見かけの上でも別々の出来事を生み出すにはどれほど大きな違いが必要なのか。たとえば、小さな円と大きな立方体との違いで十分なのか、それともこれは過剰な違いなのか。

右のように問いを立てる場合、われわれがすでに類似についての有意な尺度をもち、これを使って外見のなめらかな変化を限界づける相違を決定するのだと仮定されている。しかし、形が変わらない場合には大きさの類似のはっきりした尺度があるけれども、異なる形の類似を測るそのような尺度は何もない。円は細い楕円、正六角形、球のどれにいっそう似ているのか。立方体は正方形と四面体のどちらにいっそう似ているのか。一角を小さく切り落とした長方形は、落とさない長方形と正五角形とではどちらにより似ているのか。等しく理にかなった数多くの原理が、形についてのさまざまな類似の序列をもたらすのである。

ではわれわれの態度を逆転して、二つの図形が一方から他方へたやすくなめらかに変形するのに応じて類似の程度が高まるとみなしてはいけないのか。ある種の重要な心理学的類似を測定するための、経験に基づく尺度あるいは少なくとも大雑把な比較テストが見出されるはずだという楽天的な期待が、ここにはちらついている。前にコラーズが実験的研究に従っていたとき、この期待について私は彼と議論をかわした。詳細な実験報告をすべて割愛して言うならば、二つの図形の間のほとんどどんな差異もなめらかに解消されることが実験により示されたので、右のおめでたい希望が打ち砕かれたことを白状しなくてはならない。見かけの変化は、類似を測る正確な道具では全然ないのである（*AMP*, 46 ff.）。

明らかに「仮現運動」という術語は、コラーズの研究範囲にとっては狭すぎる。彼の研究は位置、形、大きさ、あるいはこれら三つのうちの二つないし全部の変化といった、多種多様な見かけの変化を検討するものである。いくつかの実験では、継起する発光がたがいに重なり合っている。その結果、見かけの変化は拡大、縮小、変形ないしこれらの組み合わせをともなうが、図形全体の運動を惹き起こさない。形の変化は部分の運動をともなうとしばしば指摘されるが、これは拡大または縮小には必ずしも当てはまらない。さらに言うと「変化」という語でさえ狭すぎて、同じ図形の発光が正確に重なり合う事例には適合しえないのである。というのもこの場合、間隙が埋められて単一の不変な図形がもたらされるのであって、変化のかわりに不変性が生じるからだ。こうしたすべての事例を通底して働く一般的現象は、統一された全体（これは静止や運動、不変や変化の、いずれかの様態をとる）を構築する知覚的架橋もしくは補充なのである。

私がすでにほのめかしたことだが、実験は次を示している。特定の限られた時間と距離のうちであれば、継起する発光の間にふつう補充が生じ、この二つの刺激図形が同じかひどく異なるかにはかかわりなく、それら発光を、ひとつの持続する、場合により運動、増大、縮小あるいはまた別の変化を呈する現象的全体へと結合するのである。この事実は平面図形、立体図形、物的対象、文字その他の記号といった、たいそう異質な一組の刺激にきわめて広く当てはまる。したがって、このような変形可能性は、類似した形を要素とする便利な集合をもたらさない。コラーズは書いている、「これは現在得られた実験結果がほぼ示している点だと思われるが、もしすべての二次元（または三次元）図形が同じ集合の成員であるなら、（……）図形に施される視覚的操作によって、さまざまな図形の集合を確定しようという考えには見込みがない」と（*AMP*, 190）。異口同音に同じことを示すこうした実験結果が積み上げられた結果、それらの新しさは失われかけている。だとしても、いくつかの事例にみられる、図形の相違を解消して即席に径路を作り出す巧妙な才を、やはり見逃してはならない。私が「即席に作り出す」と言うのは、二つの同じ図形間にとられた径路が状況や被験者や時と場合によって大幅に変わるからである。たとえば立方体から正方形への移行は、時には立方体の面の抜き取りによって、また時には立体の平面への圧縮によって達成される。また、台形からその倒立形への移行は、時には平面への変形によって、また時には奥行の回転によって達成される（*AMP*, 88-91）[(6)]。ちなみに、このような即席の変形の方が生得的な観念にまさるいかにも「人間的」な特徴だとみなす向きがあるかもしれない。私は、きわめて無責任ながら、径路設定の全部はおろかあるタイプの径路設定でさえ、一定の性向や他の心理学的特性との相関関係——ある種の診断テストの基礎を提供するに足るような相関関係をそれが保つものかどうか、以前から怪しいと思っている。

ところで、二つの発光の場所の間に動かぬ障壁を置いた場合、何が起こるだろうか。た

図1

とえば中央に黒い線が縦に描かれた白い地のうえに黒い円が最初は線の左に、次いで（規定の時間空間の制限内で）その右に瞬間的に示されたとしよう。その場合、仮現運動は全面的に妨げられるだろうか、それともただ中断されるだけだろうか。どちらでもない、とコラーズは報告している。円は右に動いて、それから障壁を迂回し、第二の位置へ進んで止まるのである（*AMP*, 79-80）。

　これまで考察したすべての事例で、それぞれの露光は単一の図形または対象をあらわしている。コラーズは、これらよりずっと複雑で、時に眼をみはるような、そしてしばしば理論上きわめて重大な事例を引きつづき調べている。たとえばある実験では（*AMP*, 82）、あい継いだ露光は図1に示された二群の四つの図形をあらわした。最初に第一群を左側に瞬間的に示し、次いで第二群をその右にそうするとき、通常どのような移行の径路がたどられるだろうか。単一の図形が使われた場合、正方形と円は相互に簡単に変形する。だから第一群が右側に動くにつれ各円は正方形に、各正方形は円になるのではないだろうか。まったくそうならないのだ。かわりに第一群の右側の三つの図形が、形を変えずにひとまとまりに運動して、第二群の左の三つの図形になる。一方、第一群の左端の円が回転運動をおこない、第二群の右端の図形になるのだ！　第二群の右端の図形を正方形に置きかえた別の実験では、第一群の左端の円は第二群の右端に回転しながら正方形に変わるのである。

視覚系がみずからの見識に従って世界を築き上げるのにあたり、強情で創意にあふれ、時にはかなりのひねくれ者であることははっきりしている。その補充のやり方は手ぎわがよく、柔軟で、しばしば手がこんでいる。他の重要な実験を再検討するに先立ち、いくつか理論的な問いと帰結を考察しなくてはならない。

4　帰結と問い

以上からどんな結論を引き出すことができるだろうか。第一に、上で報告された証拠は、短絡理論を排除するには十分すぎるものである。いましがた記述した二つの事例は、そのような説明から本当らしさの痕跡を根こそぎ奪ってしまう。もし電流がショートしたなら、コンピュータであれば本来より働きがずっと悪くなるだろう。にもかかわらず、心理現象を電気現象に還元したがる気持ちはなかなか薄れない。コラーズが書いているように（*AMP*, 180）、「知覚心理学上の理論で論破されたものは各種あるが、短絡理論ほどそれがたび重なった例はない。しかし、それがまだすたれていないところをみると、いまだに多くの研究者が魅力的だと思う特色をそなえているにちがいない。」さだめしこの理論のなんらかのヴァージョンは、最後まで存続することだろう。

第二に、多くの心理学者が提案した眼球運動による説明の試みは、まったくみじめな失敗に終わっている（*AMP*, 72 ff.）。さきほど論じた事例で、両眼は――第一群の左端の円と残りの三つの図形とで違う運動を生み出すために――異なった速さで動き、まんなかで交叉しなければならないだろう！　さらに後の方の事例では、一方の眼は動いている左端の図形を正方形に変形するために、変形以外の想像もつかないいくつもの曲藝を同時に演じなくてはならないだろう。そのような動きをする両眼の方が図形より見物であろう。もうひとつの事例もこれに劣らず意義深い（*AMP*, 77）。この場合、最初に図2の中央の円が瞬間的に示され、次にその円からたがいに異なる方向にある四つの円全部が展示される。中央の円は四つの円に分裂して、おのおのが同時に別々の四隅に進んでゆくのだ。両眼は一度に四方向全部に動くのだろうか。それとも、片眼が別々に異なる二方向に動くのか。

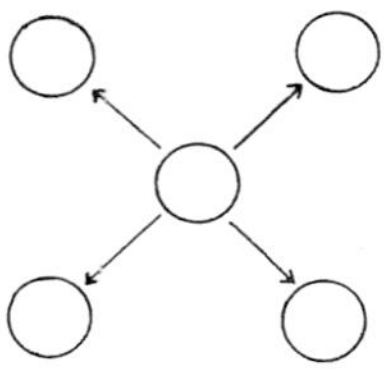
図2

このような理論をあざけることは満足な理論を見出すこ

とにくらべれば簡単である。認知的アプローチはこれらより見込みが高いように見える。視覚系はその解剖学的および生理学的条件に制約されつつ、前に見たものと行なったことの影響を受けると同時に、しかも途中で即興を加えながら、斉一性と連続性を追い求める、というのである。この見解は、とりわけ上述の多様な実験結果を説明する理論としては、きわめて不十分である。より大まかな原理への第一歩として役立つはずのかなり用心深い一般化でさえ、しばしば失敗している。たとえばある事例では、表示装置に初めに瞬間的に示された図形が動いて、次に表示された図形群のうち最も近いものに変形するだろう。他の事例では、最初の図形が形を変えずに同じ形をしたもっとも近い図形に（それより遠い、異なる形の図形にはかまわず）移動するだろう（*AMP*, 100–102）。「二、三例より多い観察例に適合するいかなる運動錯視理論もまだ提唱されたことがない」（*AMP*, 181）とコラーズは結論する。視覚系はみずからに似つかわしい世界を制作するのに興じながら、ついでにわれわれの理論探求の裏をかいて悦んでいるのではないだろうか。

　だが、前に提起した二つの理論的疑問については、ここで付言することができる。第一に、仮現運動の知覚と現実運動の知覚とは実質として同じものなのか。肯定の答に有利な推定根拠が非常に強いので、コラーズによると、「かつてギブソン〔生態心理学を提唱したアメリカの心理学者。一九〇四―七九〕は真実の運動と錯覚による運動とに区別が引かれてきたのは〈不幸だ〉った、と評した」

くらいである（*AMP*, 175）。たとえば日常の読書で、読み手はテキストから断片的な手がかりをひろい上げ、それにおびただしい補充をほどこしているという事実がある。だからこれと反対に、現実運動の知覚が切れ目のない追跡によって得られるという想定には薄弱な根拠しかないと思われる。さらに、運動とならんで他のさまざまな変化が起こる場合に、その全部を絶えず監視するということはおよそありそうにもないことである。現実運動の知覚も仮現運動の知覚もともに、まばらな手がかりを補充して生み出されるという点で実によく似ている。にもかかわらず、この二つはやはり非常に異なっている。第一に、現実運動が仮現運動の通常の径路からそれた場合、この逸脱の事実はたいてい気づかれる。したがって現実運動の知覚は仮現運動の知覚とは異なり、単に始点と終点の間を補充する現象ではありえない。たしかにわれわれは絶えず監視しているわけではないが、重要な手がかりを選ぶよう注意に努めているのである。コラーズはこの二点とは別に、さらに二つの論拠を唱えている（*AMP*, 35 ff., 174 ff.）。その第一は、知覚したのが現実運動か仮現運動かを、被験者がかなり確実に言えるようになるという論拠である。実際には動いていない点が動いているのを見ることは、現実に動いている点を見ることにははっきりした特質をもっている。しかしおそらくこれよりはるかに決定的な論拠は、交叉した道筋に沿った現実運動の知覚は容易であるが、仮現運動の道筋は決して交叉しないというコラーズの実

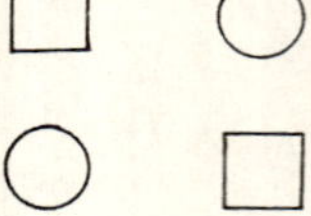

図3

験結果である。たとえば（*AMP*, 77）、図3の上列が初めに瞬間的に示され、次いでその少し下の列がそうされた場合、上列を構成する二つの図形はそれぞれまっすぐ下へ動いてその下の別の図形に変形するのである。上列の円と正方形が斜め下に動いて、下列の同じ形をした図形になることは決して起こらない。現実運動の知覚と仮現運動の知覚とはいくつか重要な点で似ているが、それでもなおまるで異なることがしょっちゅうなのである。「運動探知器」が働くか働かないかによってこの違いが説明されるだろうという推測は、継起する断続刺激に対するカエルの眼の反応が切れ目のない運動に対する反応と同じである、という実験的証明によってすでにくつがえされている。[7]

第二の問いは、次のようなものである。二度目の図形表示が生じる以前に、どうやって補充が適切なスタートをなしうるのか。すなわち視覚系はどのようにして図形が左右上下のいずれに向かうかを前もって知っているのか、どのようにして正方形を円と三角形のどちらに変形しはじめるのかを前もって知っているのか。私が思うに真実味のある説明は、仮現運動や見かけの変化は最初の表示から第二のそれへと進むように見えるけれども、第二の表示が生じると同時にしか、あるいはその後でしか構成されない、というものである。最初の瞬間的表示の知覚は遅らされるとも、保存されるとも、また記憶されるとも考えられる。いずれにせよ私はこの説明を回顧的構成説と呼ぶ――すなわち、二度の発光の間で生じたように知覚される運動や変化の構成は、第二の発光以前には遂行されないとする理論である。これが複雑でいささか奇抜な説明のように見えるのは事実だが、上で出会った複雑で驚くべき現象にぴったりするという印象を、私はもつのである。付言すれば、夢の最後に現実の物音を聞き、そこで夢見る者が目覚めるというタイプの夢に対しては、ほとんど同じ主旨の説明があてはまると思う。しかし、おそらく私とはちがって風変わりな発明の才を視覚系に認めることをためらったからだろう、コラーズはその著書で仮現運動や見かけの変化の回顧的構成説を退け、「構成は実時間《リアルタイム》で遂行される」(*AMP*, 184)ことを強調している。(8) そして彼の示唆では、補充の方向は、練習によって誘発された予期により決定されるのである(*AMP*, 196)。観察者はふつう若干の練習が積まれるまでは仮現運動をそれほどはっきり知覚していない。だから、おそらくそうした練習が、見かけの変化のための方向づけを提供するのだという。

私はこの説明に承服できないでいた。ところが、コラーズは著書の出版後しばらくして、自分は回顧的構成説に頑固に反対する気持ちが薄らいだと私に語った。問題に結着をつけるためには、すぐ思いつくある実験をぜひともおこなう必要があった。たとえば、練習を積むさいに、最初に表示される光点をつねに視野の中央に置き、表示される第二の光点を無作為に中央からさまざまな方向に置くことをする。もし練習後の試行で仮現運動がたやすくはっきりと知覚されたなら、補充が成功して道筋が発見された原因を練習に求めることはできない。ごく最近になってようやくこのような実験がオレゴン大学でおこなわれ[9]、練習仮設を決定的に打ち破ったのである。こうして、回顧的構成説か、千里眼を信じるか、このどちらかを選択することがわれわれにとって残された道であるように思われる。

コラーズの綿密で意義深い本が多くの当惑すべき問いを提起することを見てきた。しかし、本章の標題で指示された知覚にかんする当惑とは、これらのどれでもないのである。

5　色

コラーズが自著で報告した研究にたずさわっているあいだ、私は別の問いを調べるよう彼をしばしば促した。つぎつぎに表示する図形の色を変えた場合、何が起こるだろうか。コラーズは問題が興味あるものであることには同意したが、位置、形、大きさの変化についての仕事が進行している間は、このような実験に必要な装置を設計し組み立てる機会にめぐまれなかった。だからコラーズはその著書でこの問いについては、他人のいくぶん概略的な業績に言及しているだけである。たとえば「出現した色の違いを視覚系はとどこおりなく解消するというヴェルトハイマーの発見は、スクワイアーズにより追認された」

(AMP, 43) とコラーズは述べている。しかし見たところ、そのような解消の径路をまだ誰も研究していない。この問いは以下の理由から私にはとりわけ関心がある。赤から緑へ色が変化してゆく径路はたとえば中間の灰色を通って行くのか、特殊な色相のオレンジと黄色を通って行くのか、それともこれらをみな迂回するのかがわかったとすれば、色の標準的な順序づけを確認あるいは作り直すための、新しい実験的基礎が得られることになろう。[10] つまり、われわれはそれぞれ二つの色の間に跡づけられた道筋をこの二色間の直線——最短距離——とみなすことができるだろうし、ひいては、それがなじみの色立体なのかまったく別物なのか調べてみないとわからないが、ある種の重要な、色の類似性の明確な写像にあたるものを、再構成することになるのである。

コラーズは本を書き上げた後で、協力者フォン・グルノと共に色の変化について私の提案した実験を実際におこない、二篇の論文でその結果を報告した。[11] これらの実験では、続けて瞬間的に表示した図形の色を違えてあった——あるときは対比をなす色であったし(ときには赤と緑のような補色でさえあった)、あるときには赤と濃いピンクのようなほとんど同じような色であった。ある場合には、瞬間的に表示された図形は形も大きさも同じであった。またある場合は、最初はたとえば小さな赤い正方形であるが、二番目は大きな緑(あるいはピンク)の円であった。

予想されるように、色の違いは位置、大きさ、または形が見かけ上なめらかに移行するのをまったく妨げない。しかし色の移行はどんな径路をたどるのか。色立体をまっすぐ貫いてか。その表面を移行するのか。あるいは何らか他の道でか。実験に先立つ数年間というもの、コラーズ自身や多数の実験心理学者たち、また筆者のような心理学者ではない者も推測を重ねた。読者はどのように推測するだろうか。結果は研究者の誰一人として正解を言いあてるにはほど遠かったのである――読者にしてもそうだろう！　もとより常識はわれわれにこう告げる――色以外の点にかんする見かけの変化の実験に照らして、色変化は何らかの道に沿ってなめらかに進行するだろうと。しかし常識はこの場合いつもよりずっと手ひどくわれわれを欺いたのである。現実の実験結果は衝撃的だ。小さな赤い正方形を瞬時に示し、次いで大きな緑（またはピンク）の円を特定の時間や距離の制限内で表示すると、正方形がなめらかに運動して円に変形拡大するのが見えるのだが、過程の中程までは赤のままで、そこで突然緑（またはピンク）に変わるのである。

これは実験心理学上、もっとも劇的な思いがけない結果のひとつであるという印象を私に与える。こうしてわれわれはここで、本章の標題で示した、知覚にかんするある当惑に達するのである。

6　当惑

色の移行が位置、大きさまたは形の移行とはまったく違った形で進行するばかりか、この進行が一筋縄ではゆかないのはどうしてなのか。これら色以外の側面のなめらかな変化がともなう（そうしてこうした変化の影響が想定される）場合でさえ、色は突如飛び移る。あり余るほどの架橋がやはり生じている。瞬時に示された二つの図形をつなぐ道筋の中間の場所が色で埋められる。しかしそれは、継起する中間色によってではなく、表示された一方の色によってなのである。

結局、色は場所、形、大きさのいずれでもない以上、見かけの色の変化がこうした色以外の面の変化と並行して進むはずだという推定にはどのみち根拠がない——おそらくまず念頭に浮かぶのはこうした考えである。しかし、色に特種固有な属性がどのようにして突然の推移を引き起こすのかを説明できなければ、この考えはほとんど助けとはならない。(12)というのも、場所や形や大きさもまた重要な点でたがいに異なっているのに、これらのどの側面にもなめらかな移行が起こるからである。

これまで考察してきた特殊な現象はしばらくさておこう。(13)時間-空間的特性に生じる、ありきたりで「現実の」知覚的変化の特徴——相互に関連した三つの特徴——を調べてみたい。

まず、見る距離や角度が変わると、知覚された対象の形や大きさや位置がなめらかに変化することは、ごくありふれた日常の経験である。立方体の対象が回転するのを見ていると、その視覚的形は徐々に変形する。それが私の方に向かってきたり私から遠ざかったりするにつれ、視覚には大きくなったり縮んだりして見える。そして対象が上下左右に動くにつれて、それは視野のあちこちを動き回るだろう。

第二に、このような知覚的変化は、われわれの身体または眼を動かすことによって、もしくは対象を操作することによってしばしば生み出される。したがって、このような変化はありふれた状況で繰り返し生じるばかりでなく、われわれはそれをさまざまな機会に思いのままに生ぜしめ、一部始終体験できる。こうした変化は観察と練習とを通じてこと細かに学ばれてゆくのである。

第三に、ある対象の内部に満たされない時空の空隙が含まれることはめったにない。ばらばらの断片を結びつけ、ひとつの対象、または対象のまがいものに仕立てるために必要などんなものでも、われわれは意識してかどうかは別として、熱心に工夫をこらしてその供給に励むものだ。よく知られた図4の事例を見ていただきたい。けれども、二つの別々の存在者や出来事の空隙を埋めることにどうやっても——知覚によっても、概念によって

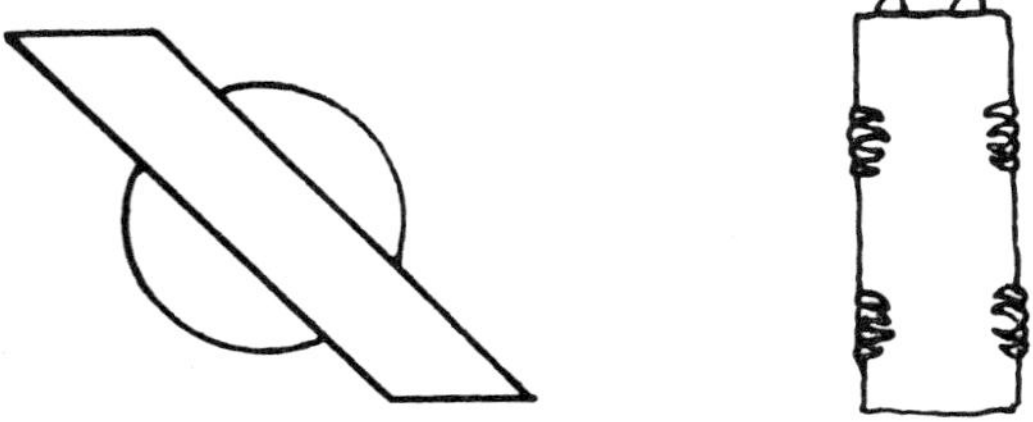

図4

も、推測によっても——こぎつけられない場合は、それらをひとつの事物に結びつけることをわれわれは差し控える。また、場所は変化せず形や大きさが突然変化するのが観察された場合、それを同一対象の変形ではなく対象そのものの代置と解するのがわれわれの特性である。連接性は、例外がないわけではないが、対象の統一性にとって標準的な要件なのである。

さて、以上のすべての点で、色にかんするわれわれの経験をくらべてみよう。第一に、色が徐々に変化することは、時空が徐々に変化することほど広く見られる現象では決してない。暁や黄昏の光、あるいは調光器の光が次第に強くなったり弱くなったりするとき、色の濃淡がなめらかに移行する現象がたしかに見られる。他方、対比をなす色相間のなめらかな移行が生じるのはまれである。これにひきかえ、われわれがほとんど四六時中眼にしている色のはぎ合わせ《パッチワーク》を眼が横切って行くたびに、突然のおびただしい変化が生じている。

第二に、われわれは異なる位置、形、大きさの間に漸次的な移行を簡単に生み出すことができるが、これにくらべ異なる色の間にこの種の移行を容易に生み出すのは不可能である。眼または身体の単純な有意運動は補助装置なしに行われるが、色をなめらかに変化せしめたり、規則的かつ予測できる仕方で変化せしめたりする操作は、こうした有意運動にまったく似ていない。

第三に、色の空隙は時空のそれとは違って、対象の統一性にとって何ら障害にならない。人間から家やネクタイにいたるたいていのありきたりな事物が、たがいに対比をなす色の、はっきり区切られた領域を内部に含んでいる。たとえばチェッカー盤を単一の対象とみなすために、盤の黒と赤の縞模様を中間の色で埋める必要はない。事物がその外縁で背景と対照をなすこと、これがふつう要求されるもののすべてである(14)。さらに、フラッシュ光のもとでの色の急速な変化は、ある対象を色が違う別の対象に置き換えることではなく、同一対象について知覚された色の変化とみなされる。また対象は日なたと日かげのまだらを通りすぎるさい、その同一性を失いはしないのである(15)。

要約しよう。時空の不同性《ディスパリティ》を解消してなめらかにすることは、色の対比を解消してなめらかにするのとは異なり、日常経験にありきたりの事柄であって、しばしば随意に、また繰り返し実行できるし、われわれが日常世界で取り扱っているたいていの対象を編成するために必要な仕事である。コラーズの実験が示しているように、知覚系が時空の不同性と色の不同性を――みずからの経験、練習、役割に忠実に――異なる仕方で処理するのはなぜか、という理由の説明に、以上のことは大いに役立つと私は思う。

この辺で切り上げてもよいものだろうか。以上で色実験から得られた驚くべき結果の重要な眼目がすべて尽されただろうか。それどころか私の思うに、なかでももっとも枢要で誰の眼にも明らかな考察を抜かしてしまったのである。すなわち、運動の視知覚のあらゆる明確な事例が、事実上色の突然の推移に基づくという事実がそれである。

濃淡のない黒の正方形が白い背景を背に、速すぎも遅すぎもしないスピードで左から右に動いているとしてみよう。瞬間ごとに黒い正方形の左端が白にさっと変化して背景に溶け込むのにたいし、黒い正方形の右端に接している白い部分が黒い部分にさっと変化して正方形の一部になってゆく。両端でつぎつぎと間断なく生じる変化の間には、時空の空隙がまったく知覚されない――それら変化は連続的な過程をなしているのだ。しかしこの過程に含まれた色の変化そのものは、黒から白への（あるいは、その逆への）跳躍にほかならない――それが中間の灰色を経過することはないのである。これが運動知覚を構成する事実なのだ。輪郭の連続性はただこのようにして保たれている。この黒い正方形は一貫して、その周囲が白い背景とたえず対比をなす同一の黒い正方形である（あるいは条件次第で、そうした対比を保ちながら大きさや形をなめらかに変形する）。一般的に言うと、調べられた図形または対象の大きさ、形、色の違いにかかわらず、その辺縁で生じる、異なった色の間のこうした絶え間ない跳躍が、現実運動の知覚の本質的な部分なのである。そして仮現運動の知覚が現実運動の知覚に近似するかぎり、この点は仮現運動の知覚にもあてはまる。

視覚系がこのような跳躍を苦もなくこなすことといい、運動の知覚に跳躍が欠かせないことといい、対象の同一性はなめらかな色の推移ではなく輪郭と背景との対比に依存することといい、このような点でコラーズの実験における色の飛躍現象は無視すべくもないのであって、どうしてわれわれが間違った類比によってみずからを欺き、事実と違ったことを期待する羽目になったのかが、いぶかしく思われるほどなのである。

このようにして知覚にかんするわれわれの当惑は解消する。しかし、見かけの変化という魅惑的な事実は残るし、一般的説明に到達することも依然として課題である。当惑の歴史にはほほえましい点と不面目な点とがあると私には思えるが、この当惑にくらべ現象そのものの方がわれわれの目標にとっては重要である。こうした現象が物理学的事実に対するのと同様な客観的研究や実験、そして論議の的にされてきたことを振り返って見る必要がある。問題の事実が「現実の」または物理的な運動ではなく「見かけの」運動に属するとしても、それを発見する仕事が勝手気儘なものになったり無益になったりはしない。この場合の「見かけの」とか「現実の」という語は、さまざまな事実に対して、陰険にも人に偏見をもたせるレッテルである。スクリーンを横切る点の運動は、刺激や対象という形態では時として「存在しない」。これとちょうど同じで、別個の静止した発光は知覚としては時として「存在しない」のである。知覚がみずからの事実をどのように制作するか、その顕著ないくつかの例を眺めてきた。[16] この問いは、その他の世界制作の手段や種類についての議論（第二章—第四章）とあわせて、第一章で着手された、より一般的な研究にわれわれを連れ戻すのである。

（1）*Aspects of Motion Perception*, Pergamon Press, Oxford, 1972. この本は以下では*AMP*として引用するが、実験心理学そして理論心理学における傑出した文献である。ここで私は断片的にこの文献を援用しているが、ポール・コラーズとの度重なる議論に多くを負うものである。

（2）二つの光点の回転が作る角度が、たとえば一・四度のとき。実験器具や手続きの詳細と並び、間隔や距離の制限や変化については*AMP*第三章を見よ。

(3) "What the Frog's Eye Tells the Brain," by J. Y. Lettvin, H. K. Maturana, W. S. McCulloch, and W. H. Pitts, *Proceeding of the Institute of Radio Engineers*, Vol. 47, (New York, 1959) pp. 1940-1951参照。さらに本章四節と注(7)を見よ。

(4) この問題の詳しい議論は、本章四節を見よ。

(5) コラーズの実験結果から見れば、ここで議論を二次元図形に制限する必要はない。

(6) 単一の一般的記述で、径路の多くの変異をカヴァーできるのである。たとえばコラーズはこの箇所で、台形は「三次元を通じて水平軸上で回転する」と語り、それ以上の特定化をしていない。この場合、回転は多分さまざまな場合にさまざまな方向で起こるだろう。
〔( )の補いはグッドマンによる。〕

(7) 何人かの研究者によるこれに関連した研究(たとえば"Neurophysiology of the Anuran Visual System" by O. J. Grüsser and Ursula Grüsser-Cornhels, *Frog Neurobiology: A Handbook*, R. Llinas and W. Fecht, eds. (Springer, 1976), pp. 297-385)にかんし、コラーズがおこなった議論を見よ(*AMP*, 169)。

(8) 私はここで単純化しすぎたかもしれない。おそらく唯一の違いは、コラーズと私が何を回顧的構成説とみなすかということにある。コラーズの推論は概略次のように進む。刺激を知覚するのに三分の一秒かかり、一方発光の間隔は十分の一秒なのだから、第二の発光は最初の発光の知覚よりはるか以前に生じる。発光を知覚する過程は当然、発光の知覚が成就される以前に始まらねばならないが、同じように仮現運動を構成する過程もそれ以前に始まる可能性がある。したがって二つの発光の知覚と一緒に補充が成し遂げられると見られるから、回顧的構成はひとつも必要ではないのである。しかしながら、第二の発光が生じる前に補充の過程が始まることはまずありえない。にもかかわらず、知覚の順序においては仮現運動は二つの発光の間で生じ、それらを結びつけるのである。発光1－発光2－補充という初めの連鎖は、知覚されたあとで発光1－補充－発光2という連鎖に変えられる。このような知覚の再順序づけを、私は回顧的構成とみなすのである。

（9） "Position Uncertainty and the Perception of Apparent Movement" by J. Beck, Ann Elsner, C. Silverstein, *Perception and Psychophysics*, Vol. 21 (1977), pp. 33-38を見よ。

（10） 標準的な順序づけは、赤道の回りにスペクトル順に色相が並ぶ球または二つの角錐でできた立体から成っている。色の明度は経度とともに変わり、純度は表面に近くなるほど増す。これには標準的であるという重要な価値があるが、色の唯一の、あるいは原初的な知覚的順序づけであるという確固とした資格をもつわけではない。この順序づけは一般に前提とされているだけで、徹底した理論的かつ実験的研究にゆだねられることは滅多にない。詳しくはSA, pp. 268-276を見よ。

（11） *Science*, Vol. 187 (1975), pp. 757-759と*Vision Research*, Vol. 16 (1976), pp. 329-335.

（12） たとえば、SA, pp. 53 ff., 199, 260 ff.

（13） すなわち、提示された刺激の変化に付随する知覚の変化。これは相関する物理的変化が観察された対象に起こることを必ずしも意味しない。たとえば、私がピラミッドの回りを歩くにつれ、知覚された形は提示された刺激に付随しつつ変化するが、物理的形は一定不変である。

(14) ときには、知覚系は輪郭の失われた部分を埋めさえする。たとえば次のような最近の興味深い議論を見よ。John Kennedy, "Attention, Brightness, and Constructive Eye," *Vision and Artifact*, M. Henle, ed. (Springer, 1976), pp. 33-47, and Gaetano Kanizsa, "Contours without Gradients or Cognitive Contours?", *Italian Journal of Psychology*, Vol. 1 (1974), pp. 93-113.

(15) 色の跳躍が対象や図形の同一性と両立するといっても、黒い正方形が白い背景に二度瞬間的に表示され、場所、大きさ、形のどれも変化しなかった場合、われわれが、正方形が黒、白、黒という順で色が変化したとはみなさず、終始黒い正方形が存続しているとみなすのはなぜか、と問うことができる。答は明らかだ。図形の連続性のためには黒色（または白以外の他の色）の継続が要求されるのである。この場合に色の跳躍が起こったとすると、白い「正方形」には輪郭がないだろうから、その結果、二つの黒い正方形の表示はばらばらの出来事として見られるのだろう。ふつう難なく容認される色の空隙も、輪郭と連続性を保つためには埋められることがあるのだ。

(16) 他の印象的な例は輪郭の知覚的構成（右の注（14）を参照）に、また色の知覚的構成にも見出されるだろう。後者はエドウィン・H・ランド（Edwin H. Land）によると、特定の波長ではなくむしろ「エネルギーの突然の変化」に基づく。彼の論文"Our polar partnership with the world around us," *Harvard Magazine*, Vol. 80 (1978), pp. 23-26 および"The Retinex Theory of Color Vision," *Scientific American*, Vol. 237 (1977), pp. 108-128 を見よ。

運動知覚にかんするさらに詳しい実験は、E. Sigman and I. Rock, "Storoboscopic Movement based on Perceptual Intelligence," *Perception*, Vol. 3 (1974), pp. 9-28 を見よ。

第六章　事実の作製

1　現実性と技巧

前章は「君の目の前にあるものが見えませんか」というういくぶん非難がましい問いで始まり、「それはことと次第による」という啓発的な答に到達した。それはひとつには「ところで、私の目の前には何があるのか」というもうひとつの問いへの答次第なのである。この章で私はこの問いから出発する。そして白状しなければならないが、これの答もまた、「それはことと次第による」であり、これもひとつには「君はそれから何を制作するのか」という、もうひとつの問いへの答に大きくかかっているのである。

「事実の作製」という標題は、私が論じようとしていることをかなり明瞭に指し示す長所をもつだけではない。それはまた、事実は作られるのではなく発見されるのだということ、事実が唯一無二の現実世界を構成するということ、知識は事実を信じることから成るということ、こうしたことを熟知している原理主義者《ファンダメンタリスト》をいらいらさせる長所をもっている。たいていの者はこれらの信仰箇条にすっかりとり憑かれ、縛られ、目をくらまされているので、「事実の作製」という言い方は逆説的に響く。「作製」は、「真理」や「事実」に対比された「偽」や「虚構」の同義語になってしまっている。もちろん、偽および虚構を真および事実から区別しなければならない。しかし断言してもよいが、虚構は作製されるが事実は発見されるものであることを理由に、そうした区別をおこなうのは無理なのだ。

いわゆる仮現運動の事例をちょっと振り返ってみよう。私が要約して述べた実験結果は普遍的なものではなく、単に典型的なものにすぎない。観察者が異なれば運動が異なって知覚されるだけでなく、仮現運動をまったく見ることができない者もいるのである。このように存在しないことがわかっているものを見ることができない者を、コラーズは素朴実在論者に分類している。彼の報告によれば、技術者や物理学者にこの種の者が不釣り合いに高い割合でいるということである（*AMP*, 160）。

二つの別々の発光の距離や間隔が非常に短く、たいていの観察者なら単一の動く点を見るような場合に、ある観察者が二つの別々の発光が見えると報告したとしよう。しかしながら、椅子を見ながら多数の分子が見えると言ってもいいかもしれないし、円テーブルを斜めから見ているのに、その丸い上面が見えると実際われわれは言うのである。彼の言いたいのはおそらくこのような「見える」の意味で二つの発光が見えるということだろう。観察者は熟達すれば現実運動から仮現運動を区別できるのだから、われわれがテーブルの上面の長円形の見えをそれが円いことのしるし《サイン》とみなすように、運動の見えを二つの発光が生じたことのしるしとみなすのかもしれない。どちらの場合にもしるしは、われわれがそれを透かして物理的な出来事や対象を眼差す程度に透明だろうし、あるいは透明になるだろう。観察者がみずからの視覚にかんして、彼が目のあたりにするものはすなわち彼が目のあたりにすると他人が同意するものである、という決定を下す場合に、彼を視知覚の誤りで咎めることはわれわれにはまずできそうにない。むしろ、指図（それはたとえば、自分に見えるものだけを告げよといった指図だろう）を、彼は誤解しているのだと言おうか。ではそのような「誤解」をなくすには、しかも観察者から報告をひきだすには、どのように指図を作り直せるだろうか。それ以前の経験をすべて利用してはならず、あらゆる概念的解釈を避けるよう求めれば、彼が何も言えなくなるのは明らかだろう。というのもそもそも話をするには、言葉を用いなければならないからである。

なしうる最善のことは、観察者が使える用語の種類、語彙を特定して、物理的な用語ではなく知覚的または現象的な用語で見えるものを記述せよと彼に命じることである。これで異なった反応が被験者から引き出されるか否かは別問題であるが、この処置はそこに生起しているものにまったく異なった光を投げかける。事実を形づくるのに使われる道具を特定しなさいという要求は、物理的なものと実在的なものとの同一視や、知覚物と見かけにすぎぬものとの同一視をすべて無意味にする。物理的なものが知覚的事実の高度に人為的なヴァージョンではないのと同じく、知覚物は物理的事実のいくぶん歪められたヴァージョンではない。われわれはたしかに「どちらも同じ事実のヴァージョンである」と言いたくなる。しかし、二つの名辞の意味が類似するからといって意味と称する何らかの存在者があるとは言えないように、こうした言い方は、物理的なものと知覚的なものの両者から独立な事実があって両者はそのヴァージョンであることを意味しない。「事実」は「意味」と同様共義的な名辞（固有名詞（「富士山」）、形容詞（「赤い」）などのように、それだけで意義をもつ名辞と異なり、他の名辞と一緒にされてはじめて意義をもちうる名辞を言う。「および」、英語の冠詞 a などがその例。）なのである。というのも、つまるところ事実（fact）とは明らかに作為的な（factitious）ものであるからだ。

この論点は古典的には、前述の、物理運動が異なったヴァージョンをもつということによって例証される。いましがた陽が沈んだと言うべきなのか、それとも地面が上がったと言うべきなのか。太陽が地球のまわりを回っているのか、それとも地球が太陽のまわりを回っているのか。今日われわれは、かつては死活問題だった事柄を、答は枠組次第であると事もなげに言ってすましている。しかし繰り返し言うと、地球中心の体系と太陽中心の体系とは「同じ事実」の異なったヴァージョンであるという言い方をわれわれはたしかにする。だが、その事実とは何かと問うてはならないのであって、むしろ「同じ事実のヴァージョン」や「同じ世界にかんする記述」といった語句をどのように解すべきかと問わねばならないのである。その解し方は場合によってさまざまである。今の例では地球中心のヴァージョンと太陽中心のヴァージョンとは個々の同じ対象——太陽、月、惑星——について語りながら、これらの対象にまったく異なった運動を認めている。それでも、もし二つのヴァージョンが同じ事実を取り扱うということの意味が、両者が同じ対象について語るだけでなくたがいに決まった方式で翻訳できるということであるならば、そのような言い方が許されるかもしれない。名辞と名辞の一定の関係のために意味が姿を消すように、ヴァージョン間の一定の関係のために、事実は姿を消すのである。今の例では問題の関係は比較的明らかであるが、それがはるかに捕えにくい場合もときにはある。たとえば上述した運動の物理的ヴァージョンと知覚的ヴァージョンとは、明らかに、まったく同じ対象を取り扱うわけではない。仮に、二つのヴァージョンは同じ事実や同じ世界を記述しているのだと称するためのお墨付きとなる関係があるとしても、それは、間に合わせに使える相互翻訳可能性といった関係では決してない。

ここにあげた物理的な世界＝ヴァージョンと知覚的な世界＝ヴァージョンは、さまざまな科学、さまざまな藝術、知覚、そして日常談話などにおけるおびただしい事例のほんの二例にすぎない。言葉、数字、絵、音、あるいはその他、あらゆる媒体におけるあらゆる記号を使ったこのようなヴァージョンの制作によって、さまざまな世界が制作される。そしてこれらヴァージョンとヴィジョン、およびそれらの制作の比較研究は、私の言う世界制作批判〔カントの『純粋理性批判』への示唆〕にほかならない。第一章で私はそうした研究に着手したが、本章の主な関心事であるその先の問題に進む前に、ここでごく簡単に第一章のいくつかの論点を要約するとともに、その意味を明らかにしなければならないだろう。

2　手段と材料

これまで私が述べてきた内容は、率直に言って、徹底した相対主義を指し示している。とはいえ、それには厳しい制約が課せられている。無数の、代替可能な、真または正しい世界ヴァージョンを喜んで容認する態度は、ヴァージョンなら何でもかまわないこと、尾鰭のついた長話はそっけない話と同じくらいよいということ、真理はもはや虚偽から見分けられないこと、こうしたことを意味するのではなく、もっぱら真理を既製の世界との対応とは別のものと考えねばならないことを意味するのである。われわれはヴァージョンの制作によって世界を制作するのであるが、大工が椅子を制作するのに木片をでたらめに組立てるわけではないのと同じで、記号をでたらめに寄せ集めて世界を制作するわけではない。私が許容する多数の世界は、真または正しいヴァージョンによって制作され、それに符合する現実世界に他ならない。偽なるヴァージョンとの符合が想定される世界は、可能であれ不可能であれ、私の哲学に出る幕はないのである。

いったいどんな世界を現実世界として認めるべきなのか。これはまったく別の問いである。ひとつの哲学的立場にはたがいに関連したいくつかの側面がそなわるものだが、厳しい制限をともなう見解のように見える立場でさえ、無数のヴァージョンを等しく正しいものと認めることがある。たとえば、私の相対主義を私の唯名論とどのように調停できるのかと、時どき私は訊ねられる。答は簡単である。唯名論的体系はただ個体だけを云々しクラスについてはいっさい話すのを禁止するが、この体系が何を個体とみなすかは随意なのである。すなわち唯名論は、任意に選ばれた個体の基礎からみだりに存在者を増殖するのを禁じるが、その基礎の選択はまったく自由にまかせるのだ。こうして唯名論は本来、物理的粒子であれ現象的要素であれ日常的事物であれ、あるいは人が進んで個体とみなす他の何であれ、それらに基づいた多数の代替可能なヴァージョンを是認する。(1)こうして是認された多くの体系から、別の根拠によってある体系を選ぶ唯名論者がいたとしても、それは彼の自由である。これにひきかえ、たとえば典型的な物理主義は、存在者を果てしなく産出するためにプラトン主義的道具立てを惜しげもなく使いながら、たったひとつの正しい基礎しか(おまけにそれが何かはいまだに同定されていない)認めないでいる。

こうして、「物理的差異のないところに差異はない」という物理主義者の教説と、「個体の差異のないところに差異はない」という唯名論者の教説とは同じように聞こえるものの、実は右の点で著しく異なるのだ。(2)

とはいえ、世界制作について今一般的な議論をおこなうにあたり、私は唯名論的制限を強いるつもりはない。というのも、どんな現実世界が存在するかについての意見の違いを見込んでおきたいからだ。(3) これはたんなる可能世界〔様相概念を分析するために意味論に導入されたモデル理論上の存在概念〕を認めるということではさらにない。プラトン主義者と私は現実世界の材料よりほかの一切を退ける点で意見が一致しているが、ではこの世界が何から制作されているかについては不一致をきたすかもしれない。われわれは偽と見なされたものには何も符合しないことに同意するが、何を真であると見なすかにかんしては意見があわないだろう。

世界はヴァージョンによって制作されるという言い方は、それが暗に多元論を意味し、おまけに私が「基底部にある鈍重なもの」と呼んだものを破壊するので、人はしばしば腹をたてる。そこで私にできる何か慰めを申し上げたい。私は正しい世界＝ヴァージョンの多数性を強調するが、多くの世界が存在するとは主張していない——それどころか世界が存在すると主張するものでもない。というのもすでに示唆したように、二つのヴァージョンが同じ世界のものかどうかという問いには、「同じ世界にかんする複数のヴァージョン」という語句が多くの妥当な解釈をもつ以上、それと同じくらい多くの妥当な答があるからである。一元論者はいつでも、二つのヴァージョンを同じ世界にかんするヴァージョンと見なすにはそれらが正しくありさえすればよいと主張できる。多元論者はいつでも、あらゆるヴァージョンをよそにした世界とはどのようなものかと言い返すことができる。おそらく最善の答とは、ウディ・アレン先生〔アメリカの俳優、映画監督、小説家。一九三五―〕が与えた次の解答だろう。彼はこう書いている。(4)

われわれは本当に宇宙を「知る」ことができるのだろうか。とんでもないよ、チャイナタウンで道に迷わないことさえひどく難しいのに。しかしポイントは、向うに何かが存在するだろうか、ということである。だけどなぜ存在するのだろう。彼らはなぜあんなに騒々しくなければならないのか。結局、「現実」の唯一の特性が本質を欠くことであるのは、疑いの余地がない。現実には本質がないと言っているのではなく、単にそれを欠くと言っているのだ。（ここで私の言う現実とはホッブズ〔イギリスの哲学者。一五八八―一六七九〕が叙述したものと同じだが、あれよりもう少し小さなものである。）

この御託宣は端的に言ってこういうことだと私は解する。心を心にかけるな（never mind mind）、本質は本質的ではない（essence is not essential）、そして物質は物の数ではない（matter doesn't matter）、と〔それぞれ、観念論ないしメンタリズム、実念論、唯物論を揶揄している〕。世界よりもヴァージョンに焦点を絞るほうが得策なのである。もちろんわれわれは指示をおこなうヴァージョンとおこなわないヴァージョンとを区別したいし、指示された事物や世界が存在するならそれらについて語りたい。しかしこれらの事物や世界、そして事物と世界の材料――物質、反物質、心、エネルギー、その他いろんなもの――でさえ、事物や世界そのものと一緒に作られるのである。ノーウッド・ハンソン〔観察語／理論語という二分法に反対し、ここにあるような主張をしたアメリカの哲学者。一九二四―六七〕が言うように、事実は理論を荷っている[5]。事実が理論負荷的であるのは、理論が事実を荷うことをわれわれが望むのとちょうど見合っている。言いかえれば、事実とは小さな理論であり、真なる理論とは大きな事実なのである。繰り返しておかねばならないが、これは手をこまねいていても正しいヴァージョンに行きあたることがあるとか、世界は無から築き上げられるとか、こうしたことを意味しない。われわれはどんな場合でも、ありあわせの、何か古いヴァージョンや世界から出発するのであって、それを新しい世界に作り変える決意を固め、そうする伎倆をもつまではそれにしがみついているのである。事実には理論どおりにはゆかぬ手ごわさが実感されるが、それは一部分、われわれが習慣に支配されているからである。つまり、われわれの堅固な基礎は実に鈍重なのだ。世界制作はあるヴァージョンに始まり、別のヴァージョンに終る。

3　いくつかの古代世界

しばらく歴史上早期の世界制作の例をいくつか見てみよう。私は長らくそう感じてきたのだが、ソクラテス以前の哲学者たちは哲学史上の重要な前進をあらかたもたらしたと同時に重大な誤りもあらかた犯している。彼らの見解がわれわれが当面する議論の中心的論題をどのように例解するかを考察する前に、当時の哲学の内情を、ごくかいつまんではあるが、お話ししなければならない。

ソクラテス以前の哲学者たちはわれわれの大方と同じく、宗教、迷信、疑い、希望、苦い経験と甘い経験などの入り混じった世界から出発した。その後タレス〔前五八〇年頃活躍した古代ギリシアの哲学者〕は、このごたまぜに統一を捜し求めるうち、太陽が水を吸い上げ、それを熱して燃え上らせ、雲が凝縮して落ちて乾いて土地になり――そして伝説によれば、さる井戸の底の水になることに気づいたという。解決がみえ始めた――実際、溶解《ソリューション》こそ解決《ソリューション》であった。すなわち世界は水なのである。

けれども、アナクシマンドロス〔タレスの弟子の哲学者。前六一〇頃—前五四六頃〕はこう論じた。「土、空気、火、水のすべてがたがいに変化しあっているのに、なぜ水を選び出すのか。水のどこが残りの三元素とは違うのか。すべてを作っている中性的なものを見つけなければならない」と。そこで彼は無規定者《ト・アペイロン》を発明し、こうして哲学の最大の重荷のうちの二つ、無限と実体とを一挙に哲学に負わせたのである。

エンペドクレス〔古代ギリシアの哲学者。前四九三頃—前四三三頃〕は無規定者《ザ・バウンドレス》を規定外のもの《アウト・オブ・バウンズ》と判定した。もし元素間に甲乙がないのなら、四つ全部をとらねばならない。重要なのはそれらがいかに混ぜ合わされているかだ。彼は宇宙の本当の秘密は混合《ミキス》であると見た。

ヘラクレイトス〔前五〇〇年頃に活動した古代ギリシアの哲学者〕が運動を要請したとき、パルメニデス〔前五世紀に活動した古代ギリシアの哲学者でエレア学派の祖〕は停止信号でこれに応じ、哲学を「それは有る」という公式に還元した。これはもちろん「それは有らぬ」を——長たらしく言えば「われわれが陥っている混乱を見よ！」を意味する公式である。

けれども、デモクリトス〔前四六〇頃—前三七〇頃の古代ギリシアの哲学者〕がわれわれを手ぎわよく救ってくれる。彼は「それは有る」を「もろもろのものがある」に置き代える。事物を十分細かく切り刻めばあらゆるものが同じになるだろう、というのがその眼目である。すべての粒子はよく似ている。粒子の結びつき方によって水、空気、火、土といった元素が、あるいはその他の何もかもが作られるのである。量と構造が質に取って代わるのだ。

タレスと彼に続いた者たちとのあいだで争われたひとつの論点は、全哲学史を通じてその反響を認めることができる。タレスは四元素すべてを水に還元した。アナクシマンドロスとエンペドクレスは、四元素は水以外の三元素のどれに還元してもかまわないと反論した。ここまではどちらの側も同じように正しい。タレスの水中心の体系はそれに代替しうる三体系をさしおいて正当化されるものではない。これはちょうど、太陽系にかんする地球中心の記述がその明らかな代替物をさしおいて正当化されないのと同様である。しかし、タレスの批判者たちは、四元素に基づく代替可能な体系はどれひとつとして排他的に正しいわけではなく、それゆえ全部間違っていると想定する点で道を誤った。ある任意の体系なしですますことができるということは、全体系なしでやってゆけるということではなく、選択の余地があるというだけのことなのだ。タレスの理論を退ける暗黙の根拠は、代替可能な体系のそれぞれの特徴が現実そのままを反映しえないということだった。こうしてエンペドクレスは四元素間のどんな順序づけも現実への恣意的な押しつけだ、と強調した。彼が見逃したのは、そもそも四元素への編成がまぎれもない押しつけであり、このような押しつけをすべて禁じるなら、とどのつまり何も残らないということである。アナクシマンドロスはこの帰結を理解し、事実喜んで受け入れた。彼は四元素を中性的で積極的に言表しえない〈無限定者〉から派生したものとして扱ったのである。筋を通すパルメニデスは、完全に中性的なものだけが代替可能なあらゆる世界に共通でありうるなら、ただそれのみが現実的であって、他はすべて単なる幻影にすぎないと結論した。しかし彼でさえその現実を特別な仕方で編成した。すなわち存在するそれは一者であるという。デモクリトスはこれに促されてさっそく現実を別のやり方で編成することになり、それを小片に分割した――こうしてスタートがやり直されたのだ。

何を何に還元できるかをめぐるこうしたおびただしい論争の底に、何をもって還元と言うのかという、繰り返し持ち上がる問いが横たわっている。水が他の諸元素に変化するからといって、他の元素が単なる水になるわけではない、とアナクシマンドロスは反論した。また諸元素が中性的な実体から作られていると解したところで、それら元素が単なる中性的な実体になるわけではないと、エンペドクレスも実際にやり返している。物理対象、現象、具象体《コンクレータ》、性質、心、物質などに味方する者や敵対する者は、これらのうちあるものを残して他を省略することには反対だとか賛成だとか言って、現在さかんに宣伝活動《キャンペーンズ》を展開している。彼らソクラテス以前の哲学者はその先駆者なのである。このような宣伝活動は、もとを糺せば、還元である分だけまた構成でもあるような操作に対する条件とそうした操作の意義を誤解することに源を発している。

4　還元と構成

構成的定義の基準をめぐる論争は、定義項と被定義項の間には内包的一致が要求されるのか、それともただ外延的一致でいいのかという点に、しばしば集中してきた。絶対的同義性を要請する根拠は、定義項とは被定義項の意味の説明でなければならないという確信であった。意味という概念、さらに意味の厳密な同等性という観念さえ面倒を生じた。そこで、外延的同一性でうまくゆくのではないかという問いが設けられたのだが、今度は外延的同一性ではあまりにきつすぎることが判明した。というのも、外延を共有しない、しばしば多数の、代替可能な定義項を、ひとしなみに認容できることは明らかだからである。たとえば、平面上のある点は、ある一対の交差する直線、これとはまったく別種の一対の直線、入れ子状の領域など、いずれとしても定義できる。しかしもちろん、これらまちまちな外延をもつ定義項はみな、被定義項と外延を共有しえないのだ。

右のような考察が示唆するのは、外延ではなく構造の保存を要件とする外延的同型により作られた基準である。多数の異なった外延に共通するものは一通りの構造かもしれない。それゆえ、この基準は複数の代替可能な定義項を正当なものとして許容する。問題の同型は全面的なものである。すなわち、ある体系に属する定義項の全集合と被定義項の全集合との間に同型が成り立っていなくてはならない。だが、それは対称性をもたない。つまり通常は、右に述べた点の定義の場合のように、定義項の方が被定義項にくらべより周到にその外延(6)を表現する。この意味で定義項は分析を遂行し、また体系的綜合の手段を導入するのである。

以上のように考えると、直線または集合による点の定義は、点とは単なる直線であるとか単なる集合であるとか主張するものではまったくない。水から他の元素を派生させることは、それらが単なる水にすぎないと主張するわけでは全然ないのである。定義または派生が成功するかぎり、それらは点と直線を、または四元素を体系に編成する。代替しうる体系があるという事実は、各体系の信用を傷つけはしない。というのも、代替しうるいくつもの体系や何らかの編成に対しては、白紙の態度でいるよりほかに道はないからである。タレスが人為的な順序や優劣を導入しているのはけしからんと非難した彼の後継者たちに向かって、たぶんタレスなら、それは科学や哲学が現にやっていることであり、いわゆる人為的なものを完全に排除すれば、われわれはいつまでも何も知りえず何も摑めないと言い返しただろう。(7) 還元、構成、派生、体系化――こうしたことの本性と意義を再考するならば、われわれは、原生世界《アボリジヨヌル・ワールド》なるものの虚しい探求をあきらめ、体系その他のヴァージョンが現実の再現をおこなうと同時にそれを生産することを認めることになる。

タレスからアレンに至る前記の思想史には、私が第一章で論じた世界制作のいくつかの工程（あるいは世界間の関係）の例証が見出される。ある元素から四元素すべてを派生させるのは順序づけに、〈無限定者〉の導入は補充に、他のあらゆるものの排除は削除に、そして一者を粉砕して原子へばらすことは分割に、それぞれ該当する。補充と削除はまた、物理学の世界と身近な知覚世界との関係に目ざましい例証をもつ。言及された他の工程ないし関係には、複数の出来事がひとつの持続する対象に結合されるという例にみられる構成、粗い曲線が滑らかにされるという例にみられる変形、そして重みづけまたは強調があった。最後のものは、他のものほどしばしば注意もされずよく理解もされていないが、にもかかわらず今後の話にとり重要であり、ここで重ねて注意しておく必要がある。

　世界制作は存在者をつけ加えたり除外したりせず、ときおり強調を変えることでおこなわれる。しかし二つのヴァージョンの相違が同じ顔ぶれの存在者に加えられた相対的重みづけに主として基づく場合、あるいはそれだけに基づく場合でさえ、この相違は著しいもの、重大なものになりうるだろう。注目すべき一例として、二つのヴァージョンが自然種または有意な種――すなわち記述、探求、帰納といった認識の働きにとり重要な種だとみなしうるものがはらむ相違を考えてみよう。われわれが「ミドリ色」や「アオ色」といった述語を投射する習慣をもつからといって、人は「ミドオ色」や「アドリ色」〔二つとも「アオ」と「ミドリ」

（を合成した色名）がクラスの名であることを否定するわけではないが、しかしこれらのクラスは些末なものとみなされる。[8] もし事態を逆にするなら――「ミドリ色」や「アオ色」ではなく「ミドオ色」や「アドリ色」を投射するなら――違う世界を作って、そこに住むことになるだろう。重みづけの効果の第二の例は、ルネサンスについての二つの歴史、すなわち戦争を度外視はしないがむしろ藝術を強調する歴史と、藝術を度外視はしないものの戦争を強調する歴史との間に見られる（第二章二節）。こうした様式の違いは重みづけの違いであり、これが二つの異なるルネサンス世界をもたらすのである。

5　虚構から成る事実

こうした多種多様なヴァージョンがあるのにもかかわらず、ふつう字義的な、外延指示的な、そして言葉を媒体にしたヴァージョンに注意が集中される。このやり方はある種の――すべてとはとても言えないと私は思う――科学的な世界制作および準科学的な世界制作にあてはまるが、知覚や絵のヴァージョン、文彩《あや》や例示による表現手段のすべて、言葉によらないあらゆる媒体をとり残してしまう。小説、詩、絵画、音楽、舞踊、その他の藝術の世界は、主として隠喩のような非字義的な装置、例示や表出のような外延指示的ではない手段、そしてしばしば絵、音、身振り、あるいはその他の非言語的システムに属する記号を用いて築かれる。本書における私の主要な関心は、このような世界制作とこのようなヴァージョンに向けられている。というのも、本書が掲げた主たる命題は次のとおりだからである。すなわち、藝術は、発見、創造、そして理解の前進という広い意味で解された知識拡張のさまざまな様態である点で、科学同様、あるいはそれ以上に真剣に解されねばならないこと、したがって藝術哲学は、形而上学と認識論を統合する一部門とみなされるべきであること、こうした命題である。

まず、ヴィジョンにほかならないヴァージョン、すなわち記述ではなく描写を考えてみよう。構文論的側面からすると、絵は言葉とは根本的に異なる。たとえば、絵はアルファベットからできてはいないし、多数の筆跡やフォント〔同一書体、同一の大きさの一揃いの活字〕に共有されないし、他の絵または言葉と組み合わさって文を作らない。しかし、絵も名辞も共に、それらが代表したり名づけたり記述したりするものを何でも外延指示する。つまりそれにラベルとして適用されるのである。[9] 名と個人や集団の肖像のような絵は、単一なものを外延指示するが、述語や鳥類観察《バードウオッチング》の案内書に載った絵は一般的なものを外延指示する。こうして、絵も名辞とほとんど同じ仕方で事実を作り、提示し、世界制作に役割を果たすのである。われわれの日常的ないわゆる世界像〔文字通りには「世界の絵」picture of the world〕は、記述と描写とが合わさってできたものである。でも私がここで言語の画像理論〔言語を画像ないし絵の類比で解する理論。しばしばウィトゲンシュタインの『論理哲学論考』の思想と目される〕や絵の言語理論〔絵画を言語の類比で解する理論〕に賛成しているのでないことは、繰り返しておかねばならない。というのも、絵は非言語的な記号系に、名辞は非絵画的なそれに属するからである。

もっとも、文字通りには何も外延指示しない描写や記述がある。たとえば絵に描かれたり文で記述されたドン・キホーテの肖像は、ドン・キホーテを外延指示しない——なぜなら外延指示されるべきドン・キホーテなどは端的に存在しないから。文学における虚構作品や藝術の他の分野でこれに相当する作品が、世界制作に目覚しい役割を果たしているのは明らかだ。われわれの世界が小説家、劇作家、画家からの遺産ではないと言うなら、同じようにそれは科学者、伝記作者、歴史家の遺産ではない。しかし何もののヴァージョンでもないもの〔虚構作品〕が、どうやって現実世界のこうした制作に与かることができるのか。仮構の存在者や可能世界を外延的な指示物として供給しようとするお定まりの提案は、それをうのみにできる人にとってさえ、この問いを解く助けにはならないだろう。しかしその答は、捜す段になれば、思いのほか早くもたらされる。

「ドン・キホーテ」は字義通りに取れば誰にも適用されないが、比喩的に解せば、われわれの多くに適用される——たとえば、当世の言語学という風車に槍で挑みかかっているこの私に。他の多くの者には、字義通りにも隠喩的にもこの名辞は適用されない。字義的な虚偽ないし適用不可能性は、もとより隠喩的な真理を保証するわけではないが、それと完全に両立しうる。また隠喩的な真理と隠喩的な虚偽の境界は交差しているが、字義的な真理と字義的な虚偽の境界同様、勝手に引かれているわけでは決してない。ある人物がドン・キホーテ〔a Don Quixote、すなわち滑稽な空想家 quixotic〕か、それともドン・ファン〔a Don Juan、放蕩児〕かという問いは、ある人物がパラノイアか統合失調症かというのと同じ本物の問いであり、こちらの方がむしろ結論を下しやすい問いである。また虚構の名辞「ドン・キホーテ」を現存する人びとへ適用するということは、手垢にまみれた常套手段の枠を超えたカテゴリーを有意な種として拾い出し強調するということにほかならず、そのようにして、われわれになじみの世界の再編成をやってのけるものなのである。この点で虚構の名辞の適用は、非虚構的名辞「ナポレオン」のナポレオン〔フランスの皇帝。一七六九—一八二一〕以外の将軍への隠喩的適用や、また「ビタミン」とか「放射性の」のような新たに発明された名辞の物質への字義的な適用と同じ働きをする。隠喩とは単なる装飾的、修辞的な仕掛けではなく、われわれが使う名辞に多彩な副業をさせるやり方なのである(10)。

それゆえ虚構は、書かれたと描かれたと演じられたとを問わず、実を言えば、存在しないものや霊妙な可能世界に適用されるのではなくて、隠喩としてではあるが、現実世界にこそ適用されるのである。私は他の所で単に可能なものは(11)——そもそもそのようなものの資格をみとめるかぎり——現実的なもののうちにあると論じたが、ややこれと似て、この場合もまた文脈は異なるが、虚構にともなういわゆる可能世界は現実世界のうちにあると言えるかもしれない。虚構《フィクション》はノンフィクションとほとんど同じように現実世界のうちで働くのである。セルバンテス〔スペインの作家。主著『ドン・キホーテ』。一五四七―一六一六〕やボスやゴヤは、ボズウェル〔スコットランドの伝記作家、法律家。『サミュエル・ジョンソン伝』で知られる。一七四〇―九五〕やニュートン〔イギリスの物理学者、数学者。一六四二―一七二七〕やダーウィン〔進化論を提唱したイギリスの生物学者。一八〇九―八二〕に劣らずなじみの世界をとらえ、質を変え、作り直し、とり戻し、それらを注目すべき、ときに難解な、しかし結局は首肯しうる（recognizable）――すなわち再認識しうる（re-cognizable）〔やはり世界はこうだったのだ、という知の実在論的さかのぼりを言う〕――仕方で鋳直すのである。

しかし主題を欠き、字義通りにも隠喩的にも何ものにも適用されず、もっとも寛大な哲学者たちでさえ世界（それが可能世界か現実世界かは問わない）を描写するものとはまずみなしそうもない、純粋な抽象絵画をはじめとする他の作品についてはどうか。このような作品はドン・キホーテの肖像やケンタウロスの絵とは違って、空のびんにつけられた字義的ラベルとか中味の詰まったびんにつけられた奇抜な意匠のラベルなどではない。それらはそもそもラベルではないのだ。それではこのような作品は、いかなる世界との接触によっても汚されていない精神内の純粋者として、ただただひとりそれ自体で大事にされるべきなのか。もちろんそうではない。われわれの世界は、シャルダン〔フランスの画家。一六九九―一七七九〕の字義的な静物画や寓意的な「ウェヌスの誕生」〔ボッティチェリの作品が有名〕のような作品に劣らず、抽象的作品が表わすパターンや感じによっても強力に形成されている。どれか一つでもいい、抽象画展で一時間ばかり過ごした後では、しばしば、あらゆるものが幾何学的断片に区切られたり、ぐるぐると渦巻いたり、アラベスク模様に織られたり、白黒にきわだたせられたり、新しい色の協和音や不協和音で震えたりするものだ。しかし、字義通りにも文彩《あや》としても、何ものの描写も記述も宣言も外延指示もしないもの、あるいはその他の仕方で何ものにも当てはまらないものが、どうやってわれわれの住み古した世界をそのように変形できるというのだろうか。

前に見たように、外延を指示しないものでも例示や表出によって指示をなしうるのであり、非記述的、非具象的作品であっても、それらに字義通りに、あるいは隠喩的にそなわる特徴に対する記号として、機能するのである。共有された、または共有されうる形、色、感じの見本の役を果たすことによって、またそのさいしばしば気づかれず、無視されたそのような形、色、感じに注意の焦点を合わせることによって、この種の作品はわれわれが慣れ親しんだ世界をこれらの特徴どおりに再編成するよう促す。こうして、往昔の有意な種は分割され組み合わせられ、加えられ差し引かれ、新しい区別や統合がもたらされ、優劣の順序づけがやり直されるのである。実際、すでに言及したさまざまな世界制作の方法をどれひとつとってみても、記号は外延指示に加えて、例示や表出を通じても働きを発揮しうるのである。

音楽が聴覚領域に同様なやり方で働きかけるのは明らかである。だが、それだけではない。われわれはその都度、言語および視覚的媒体から成る何か複合的ヴァージョンをみずからの「世界像」とみなそうとする傾きがあるが、音楽はまたそうしたものの産出にも一枚加わっている。というのも、音楽のそなえる形式や感じは、音にかぎられたものではさらさらないからだ。多くのパターンや情動、形、対比、韻、リズムは聴覚的なものと視覚的なものに共通であり、またしばしば触覚的なものや運動感覚的なものにも共通している。一篇の詩、一枚の絵画、ひとつのピアノソナタが、字義通りか隠喩的かを問わずいくつかの同じ特徴を例示することがある。またこうしてこれらの作品はどれも、固有の媒体を超えた効果を生むことができる。今日では実演藝術《パフォーマンス》で各種の媒体を組み合わせる実験がおこなわれているが、音楽が見ることに影響すること、絵が聴くことに影響すること、音楽と絵の両者が舞踊の動きに影響し、またそれによって影響されること、こうしたことほど明らかな事実はない。それらはすべて世界を制作するさい、相互に浸透しあうのだ。

例示や表出は、もちろん抽象的作品が独占する機能ではなく、虚構的か否かを問わず、多くの記述的で具象的な作品の機能でもある。肖像画や小説が例示するものや表出するものは、その作品が字義通りにあるいは比喩的に語るもの、描写するものにくらべ、しばしばいっそう徹底的に世界を再編成する。時には、主題などは例示されたものや表出されたものを伝達する手段に使われるにすぎない。とはいえ、記号作用のさまざまな様態や手段は、単独でも、それらを組み合わせても、それぞれが強力な道具である。俳句やサミュエル・メナシュ〔現代アメリカの詩人。一九二五―〕による五行詩といった短い詩でさえ、それらを使って世界の革新と改造をなしうるのだ。またこうした道具がなければ、環境藝術家たちによるあらゆる努力は無駄となるだろう。

藝術家の保有する資源――多くの媒体を使った、字義的・非字義的、言語的・非言語的、外延指示的・非外延指示的などの形態をとる、さまざまな様態の指示――は、見たところ科学者の資源にくらべいっそう多様だし印象も強い。しかし科学は頑なに言語のみを媒体としているだとか、一途に字義的で、ひたすら外延指示をおこなう、などという想像は、たとえば、しょっちゅう科学でアナログ計器が使われること、数値体系が新しい領域に適用された場合測定に隠喩が導入されるという事実、さらに、現代物理学ならびに天文学でチャーム〔強い相互作用をする素粒子間の現象を規定する量子数のひとつ。字義的には「魅力」の意味〕やストレンジネス〔同じような量子数のひとつ。字義的には「不思議」を言う〕やブラックホール〔超重力によって光や天体を吸い込む宇宙の部分。文字通りには「黒い穴」〕が云々される事実を無視することであろう。たとえ科学の最終生産物が藝術のそれとは違って、字義的な、言葉または数学を用いた、外延指示理論だとしても、どのように探求と構築をおこなうかという点にかんしては、科学も藝術もだいたい同じように進められるのである。

　事実の作製にかかわる諸事実について私がおこなった概括は、もちろんそれ自体作製の一例である。しかし一再ならず私が警告したように、多数の代替可能な世界＝ヴァージョンの承認は、自由放任政策《レッセ・フェール》を示すものではない。それどころか正しいヴァージョンと間違ったヴァージョンとを区別する標準が、ますます重要になる。しかしどのような標準だろうか。たがいに相容れない代替物を大目に見ることによって真理に異なった光が当てられるだけではない。そのうえ、われわれの視界を広げ、言明を一切おこなわないヴァージョンやヴィジョン、さらに何一つ記述さえ、あるいは描写さえおこなわないかもしれぬヴァージョンやヴィジョンをそこに含めることによって、真理以外の標準を考察するよう求められてもいるのである。真理はしばしば適用不可能であり、たいていは不十分であり、また時には競合する基準に道を譲らねばならないこともある。以下の章で私はこうした問題を論じようと思う。

（1）*SA*, pp. 26–28; *PP*, pp. 157–161 を見よ。
（2）そして他の点でも違っている。とりわけ唯名論者の教説は、個体間の差異によってあらゆる差異を構成的に解釈することを要求するが、物理主義者の教説はこれほど明示的ではなく、しばしば、物理的差異と他の差異との間にとくに特定化しない何かの結合、またはせいぜい因果的な結合だけを要求する。

（3）同じ趣旨で、*SA* は唯名論に加担しているが、その構成的定義の基準や単純性の尺度は、比較の目的のために、プラトン主義的体系にも適用できるよう十分に広く作られていた。他方、*SA* と本書のどちらにおいても、外延主義からの逸脱は決して認容されていない。

（4）Woody Allen, "My Philosophy" in *Getting Even* (1966), Chap. 4, Sec. I.〔邦訳『これでおあいこ』伊藤典夫、浅倉久志訳、一九八一、CBS・ソニー出版〕

（5）*Patterns of Discovery*, Cambridge University Press, (1958)〔邦訳『科学的発見のパターン』村上陽一郎訳、講談社学術文庫、一九八六〕、第一章および全体にわたって。

（6）詳しくは *SA*: I を見よ。いくつかの状況では、外延的同型よりずっとゆるい基準が適切なことがある。

（7）詳しくは慣例と内容を論じた第七章二節を見よ。

（8）このような不正確なプラトン主義的語り口は、述語に関する唯名論的定式のための土着《ヴァナキュラー》の言葉とみなされるべきである。

（9）言語的記号系と絵画的記号系との区別という一般的問題については、*LA* のとりわけ pp. 41–43, 225–227 を見よ。絵による外延指示についての立ち入った議論は、*Erkenntnis* Vol. 12 (1978), pp. 169–70〔その後、Goodman, N., *Of Mind and Other Matters*, Harvard

Univ. Pr.: Cambridge, Massachusetts, and London（1984）に形を変えて収められた〕の、モンロー・ビアズリーの論文にかんする私のコメントを見よ。

(10) 隠喩的真理についてはさらに *LA*, pp. 68-70 を見よ。「ドン・キホーテ」や「ドン・ファン」などのいろいろな虚構名辞間の意味関係については *PP*, pp. 221-238 とイズリアル・シェフラーの重要な論文「多義性：書記体に即したアプローチ」（*Logic and Art*, R. Runder and I. Scheffler, eds.（Indianapolis, 1972）, pp. 251-272 所収〔Scheffler, I., *Beyond the Letter*, Routledge and Kegan Paul: London, Boston and Henley（1979）に、補訂のうえ収められた〕）を見よ。「ドン・キホーテ」と「ドン・ファン」は同じ（ゼロの）字義的外延をもつから、それらによる人びとの隠喩的分類はいかなる字義的分類も反映しえないことに注意せよ。では、これらの名辞の隠喩的振舞いは、隠喩の一般理論のもとにどうやって包摂されうるだろうか。それは二つのたがいに密接に結びついた仕方でなされる。隠喩的分類は、(1)これら二つの名辞に対応する複合語間の字義的外延の違い——たとえば「ドン・キホーテ的名辞（または絵）」と「ドン・ファン的名辞（または絵）」とは異なった字義的外延をもつ——を反映する、または(2)二つの名辞を外延指示する、またそれらによって例示されうる名辞の相違——たとえば「ドン・ファン」は根っからの女たらし的名辞（an inveterate-seducer-term）〔これは前出の「ドン・キホーテ的名辞」同様、名辞の分類名にほかならない〕であるが「ドン・キホーテ」はそうではない——を反映する。要するに、「ドン・キホーテ」と「ドン・ファン」は異なった名辞（たとえば「ドン・キホーテ的名辞」と「ドン・ファン的名辞」）によって外延指示され、これらの名辞がまた他の異なった名辞（たとえば「道化じみた馬上槍の使い手」と「根っからの女たらし」）を外延指示し、これらが今度はさまざまな人びとを外延指示するのである。話はいくぶん混み入っているとしても、話の各段階はみな単純であり、虚構の存在者とのいかなる闇取引も回避されている。

（11） *FFF*, pp. 49-53. 私はここで単なる可能世界を認めるために制約をゆるめようとしているのでは全然なく、表向きは「可能的事物についての」話も、現実的事物についての話として有効に再解釈できることを示唆しているにすぎない。

第七章　レンダリングの正しさについて

1　対立し合う世界

多くの、時には相容れない、また相容れる可能性さえない理論や記述が、いずれも適格な代替物として承認されるからには、真理についてのわれわれの考え方を再検討する必要がある。そしてわれわれによる世界制作の考察が理論や記述をはるかに越えて、言明、言語、そして外延指示さえも越えて拡張され、字義的なものに加え隠喩的なもの、言葉によるものに加え絵や音楽によるもの、記述や描写をおこなうものに加え例示や表出をおこなうもの、このような多様なヴァージョンやヴィジョンを含むようになったからには、真と偽を区別するだけでは、一般に正しいヴァージョンと間違ったヴァージョンとを区別するにはまったく不十分である。では、たとえば主題を欠き例示や表出によって世界を提示する作品にとって、正しさのどのような標準が真理に相当するのか。このような近よりがたい問いには、慎重に接近しなければなるまい。

この章の標題の「レンダリング」〔グラフィックの一種で、建築の完成見取図、あるいはそれを描くこと〕と「正しさ」は、どちらもかなり広義に解されねばならない。私は「レンダリング」に、製図家の仕事だけでなく、世界を制作し提示するすべての仕方――科学理論、藝術作品、その他あらゆる種類のヴァージョン――を含める。私がこの用語を選ぶのは、道徳的または倫理的正しさを私が論じるかのような印象を打ち消したいからである。[1] 私は「正しさ」に、真理と並ぶ受容可能性〔言語的か否かを問わず、世界制作に寄与する記号系にそなわる認識としての妥当性〕の各種の基準を含める。こうした基準は、真理が適用される場合にときとして真理を補ったり、あるいは真理と競合さえするし、また言明の体をなさないレンダリングに対しては真理に取って代わることもある。

本章における私の主要な関心は真理以外のこうした基準に向けられているとはいえ、もう一度真理をよく見ることから始めなければならない。われわれの大方は、真理同士は現実に決して対立しないこと、真なるヴァージョンはすべて唯一の現実世界において[2]真であること、そして複数の真理の間の見かけの不一致は、採用された枠組または慣例の違いにすぎないこと、このような根本原理をずっと以前に教えられ知っている。われわれの大方は、ほどへて以前習った根本原理を疑うことも知るようになる。それでも私は、対立し合う真理と数多くの現実世界にかんする上述の私の見解が、単に修辞を弄するものだとして看過されはしないかと心配である。修辞を弄んでいるのではない。繰り返しのきらいがあるのは承知しているが、これまで頁を費してしばしば力説したいくつかの論点にかんし今まで以上に一貫した説明を与えながら、私はこの点をいっそう明らかにしなくてはならない。本章の主な職務に取り組む場合には、比較のためのしっかりした基礎が必要になるだろう。

うち見たところ対立する代替可能なヴァージョンが、みずからが真理であるという、いずれも遜色のないもっともな主張を、人に——ただし途方もない絶対主義者を除いて——つきつけることがしばしばある。あらゆる言明が同じ世界において真である(矛盾からはあらゆる言明が従うのだから)と認めるのでもなければ、そしてその世界自体が不可能であると認めるのでもなければ、対立し合う言明が同じ世界において真であるとみなすことはまずできない。したがって、うち見たところ対立する二つのヴァージョンの一方を偽として退けるか、それらは別々の世界において真であると解するか、あるいはできるなら、それらを調停するいまひとつの仕方を見つけるかしなければならない。

各種の多義性(3)を一掃することによって、一見して対立する真理を調停できる場合がある。たとえば、文がたがいに両立できないように見えるのは、それらが省略された文だからにすぎないことが時々ある。当初口にされなかった省略部分を明らさまにつけ加えて拡張すれば、おのおのの文が別々の事物について、あるいは事物の別々の部分について語ることがはっきりする。兵士全員が弓矢で武装しているという言明と、ひとりの兵士も弓矢では武装していないという言明は、どちらも真である——異なった時代に属する兵士が問題なら。パルテノンは無傷であるという言明と、パルテノンは荒れはてているという言明とはともに真である——その建物の異なった時間部分にとっては。そして、リンゴは白いという言明と、リンゴは赤いという言明とはともに真である——リンゴの異なった空間部分にとっては。仲たがいしている文は、別居すればもっとうまくやってゆける。以上いずれの場合でも、二つの適用範囲はたやすく結びついてひとつになり、種や対象として認知される。そして二つの言明は、同じ世界の異なった部分や下位クラスにおいて真なのである。

しかし、和平はいつもそんな簡単にもたらされるとは限らない。地球の運動（または不動）の記述を再考してみよう。一見して、二つの言明

(1)　地球はつねに静止している

(2)　地球はペトルーシュカ（ロシアの作曲家ストラヴィンスキー（一八八二—一九七一）作のバレエ作品の主人公）のダンスを踊る

は両立しない。というのも一方から他方の否定が従うから。しかも両者は同じ地球につい

ての言明であるように見える。にもかかわらず、各言明は真なのである――ただし適切な体系の内部では(4)。

そこできっと、最後の但し書きが苦境からの出口を指し示していると言われるだろう。すなわち、ここでもまた言明は省略を含むのであって、相対化のさまを表立たせて言明を拡張した場合、たとえば次のようになる。

(3)　プトレマイオスの体系〔いわゆる天動説。二世紀のギリシアの天文学者、数学者の名にちなむ〕では地球はつねに静止している

(4)　ストラヴィンスキー＝フォーキン〔ロシア生まれの米国の舞踊家、振付師。一八八〇―一九四二〕流の体系では、地球はペトルーシュカのダンスを踊る

こうする場合、両者は完全に両立するように見える。しかしこの議論は、たいへんうまくゆくように見えてその実そうではない。なぜ(3)と(4)を(1)と(2)のより完全な定式化として――そもそもその定式化としてさえ――受け入れることが決してできないか、その理由を見るには、

(5)　歴代のスパルタ王は二票をもっていた

(6) 歴代のスパルタ王はただ一票しかもっていなかった

という対立する言明の少なくともひとつは偽であるが、次の言明は共に真であることに注意すればよい。

(7) ヘロドトス〔前五世紀ギリシアの歴史家〕によれば、歴代のスパルタ王は二票をもっていた

(8) トュキュディデス〔前五世紀アテナイの歴史家〕によれば、歴代のスパルタ王はただ一票しかもっていなかった

明らかに(7)と(8)は、(5)と(6)とは違い、歴代の王が投票権をいくつもっていたかにまったく関知しない。誰かが言明をしたかどうか、その言明が真であるかどうか——この二つはまったく別個の問いである。同様に、(3)と(4)は(1)と(2)とは違い、地球の運動にはまったく関知していない。もし問題の体系が語ることは真であると確言する一文を、(3)と(4)のそれぞれに付け加えないかぎり、(3)と(4)は、地球がどのように運動するか、運動するか否か、こうしたことを教えてはくれないのである。しかしもしこの処置がなされた場合、言うまでもなく(1)と(2)が確言されたことになるのであり、衝突の解消は失敗する。こうして、体系

やヴァージョンへの相対化という一見強力で普遍的な仕掛けは目的を果たせないのである。けれども(1)と(2)のような文は、おそらく体系やヴァージョンへ相対化することによってではなく、観点または座標系へ相対化することによって調停しうる[5]だろう。この場合、もっと簡単な例の方が扱いやすいだろう。地球と太陽の日々の動きにかんする両方とも真でありながら対立する文

(9) 地球は回転するが、太陽は動かない

(10) 地球は動かないが、太陽は地球の回りを周転する

は、次の文に等しいと解釈してもよいだろう。

(11) 地球は太陽との相対的関係で回転する

(12) 太陽は地球との相対的関係で周転する

各々はたがいに衝突することのない真理である。

しかしながら注意しなければならないのは、(9)が端的に地球が回転すると語っているの

に⑾はそうは語っておらず、⑽が端的に地球は動かないと語っているのに、⑿はそうは語っていないということである。ある対象がもうひとつの対象との関係で動くということは、第一の対象が動くということも、第二の対象が動かないということも含意しない。[6] 実際、⑾と⑿はともに f が適切な方式である場合、次の単一の言明

⒀　地球と太陽の空間的関係は、方式 f に従って時間とともに変化する[7]

に等しくなる。この言明は運動ないし静止という属性を地球や太陽に付与するものではないのであって、⑼と⑽のみならず、地球がある時間回転した後に静止し、その間太陽は地球の回りを運動するという言明とも、完璧に両立しうるのである。この場合、⑼と⑽の調停は、不一致を招いた特徴を消去することによってもたらされている。⑾、⑿、⒀の各言明は、ある対象が動くか否か、あるいはどれだけ動くかと問えるような意味では、運動を不要としているのだ。

われわれはここを先途と、「けっこうな厄介払いだ、いずれにせよそのような問いは明らかに空虚なのだ」と言いたくなるかもしれない。しかしながら、もしある対象が動くかどうか、あるいはどのように動くかを語るのをやめ、相対的位置の変化を記述するだけに

限るべきであるとするなら、われわれはひどく不利な立場に立たされる。座標系はたいていの文脈で、実践上不可欠である。町で道を見つけるさい、地図上に自分自身の位置を定めないで地図の利用はできないのと同様に、天文学者はみずからの観察結果を処理するさい、⒀のような中立的言明を使って仕事にあたることはできない。⑼と⑽の記述するものには何の違いもないとしても、記述の仕方にはやはり重要な差異があると思える。そこで考え直してみると、「空虚な」問いとはむしろ「内的な」に対比される「外的な」問いなのであり[8]、そうした問いは事実と言説、内容と慣例という対比で言うとそれぞれ後者に属するのだ、と言いたくなる。しかし同時に、このような悪名高くも胡散臭い二分法へ何もかもゆだねてしまうことに懸念をおぼえるのも無理からぬ話だ。がしばらく、この問題をそのままにして、別の事柄を考察してみよう。

さしあたりわれわれの論議域が、「垂直の」および「水平の」と称された二組の境界線で四角く画された平面の一部に限定されていると想定しよう。点というものが何かはさておき、ともかく点の存在を認めるとする。この場合、次の二つの言明

⒁　あらゆる点は、一本の垂直線と一本の水平線からできている[9]

⒂　どの点も直線やその他のものからはできていない

は矛盾するが、適切な体系のもとでは等しく真になる。(3)と(4)のような、体系への単なる相対化は、矛盾解消の方法としては見かけ倒しであることをわれわれは知っている。各体系に即してなされた当の言明が真であること、このことの確言がまたなされねばならない。しかしもし各体系がそれぞれ(14)と(15)をもとのままのかたちで主張するなら、衝突はそのまま残るのである。

ではひょっとして、(14)と(15)の適用範囲を制限することによって、二つを調停できるだろうか。われわれの空間内に直線と直線の組み合わせしかないのなら、(15)ではなく(14)が真であろう。これにひきかえ、もしそこに点しかないのなら、(14)ではなく(15)が真であろう。けれども厄介なのは、もし直線と点の両方がある場合、もとより(14)と(15)の両方が真ではありえないのに、どちらかが偽なる言明として選り出されるわけではないという点である。もし(14)と(15)が代替可能な真理なら、異なった領域でそうなのであり、これらの領域はどちらの言明も真であるようなひとつの領域には結合できないのだ。[10] それゆえこの事例は、ある対象の色や兵士の装備についての一見して対立する言明を、対象の異なった部分や異なった兵士に範囲を限定することによって調停できる事例とは根本的に異なる。というのも、言うまでもなく、(14)と(15)を異なった点、あるいはひとつの点の異なった部分に適用される言明と解するのは不可能であるからだ。両者は一緒にすると、あらゆる点は直線からできているが、どんな点も直線からできてはいないと語っている。⑭は直線だけからなると解された空間の見本で真であり、⑮は点だけからなると解された空間の見本で真であろう。にもかかわらず、点と直線の両方からなると解された空間、あるいはその小部分においては、両者が真ではありえない。こうして、⑭と⑮のように、対立する比較的包括的な体系やヴァージョンがある場合、各々の領域がひとつの世界に属するとみなすよりは、各々が二つの別個の世界であると、また——両者は平和裡の連合を拒むのだから——対立しあう世界であるとさえみなす方がより適切なのである。

2 慣例《コンヴェンション》と内容

この結論は広範囲の人びとに温かく迎え入れられるものではないかもしれない。それゆえ、⑭と⑮を敵対する両世界の国境で隔てないで、両者の対立を処理する何らかの方法を探ってみよう。体系への相対化による調停を目指すわれわれの先の努力は、ことによると見当違いというより問題を単純に考えすぎていたのかもしれない。そこで、当該の体系の正しさは暗に確言されているという想定が必要だし、それだけでなく、⑭と⑮がそうした体系内の言明として何を語っているかを、もっと仔細に検討しなければならない。

もし私が前に論じたように〔第六章四節〕、このような体系の正しさの基準とは、外延的同型の一定条件を満たす全体的相関がこれら体系によって設定されることであるなら、例の二つの言明を次のものに置き換えることができる。

(16) 当該の正しい体系のもとで、各々の点にかんし、一本の垂直線と一本の水平線の組み合わせとその点とには相関関係がある

(17) 当該の（もうひとつの）正しい体系のもとで、どの点にかんしても、他のいかなる要素の組み合わせとその点とに相関関係はない

二つはおたがい完全に両立しうる。二つの言明は、何が点を作り上げているかについては何も語らない。それぞれは、当の正しい体系において点と相関させられたものが何から作り上げられているかについてだけ語っているにすぎない。さらに、同型であることは同一性を保証も排除もしない（しかし同一なら同型であることが保証される）。それゆえ、(16)は直線や直線の組み合わせ以外のすべてのものに、肯定・否定両様の意味で、まったくかかわらないのであり、他方(17)は、点以外のすべてのものに、いっさいかかわらないのである。こうしてこれらの言明は、(14)、(15)の二つの言明とは違って、点が直線から作られてい

ると同時に作られていないという主張を一緒になっておこなうものではなく、直線と点の両方を含む世界で――いやそれどころかそのような世界においてのみ――両方とも真たりうるのだ。

(9)、(10)から(11)、(12)へ移る場合とまったく同じで、明らかに、(14)、(15)から(16)、(17)へ移る場合にわれわれは何かを失った。どちらの場合も、言明相互の衝突の因を成す特徴を手放すことによって、調停を実現したのである。先にわれわれは、運動を捨象して時間に対する距離の変化で満足した。今度は点の合成を捨象して相関関係で満足したのである。われわれは(14)と(15)の相反する主張を相殺して、中立的な言明に退却したのだ。

だから少々損をしたような気持ちがするかもしれない。点が原子的なものか複合されたものか、もし複合されたものなら何からなるのかは、体系が援用する合成の基礎と手段に大きく依存する。時間に対する距離の変化といった相関関係の同型が事実問題であるのにひきかえ、運動の座標系と同様、これが選択の問題であるのはわかりきったことではないだろうか。われわれの大方はおりにふれそんな言い方をしている。そして時として、他ならぬ慣例と内容の区別を非難ないし否定する前置きとして、あるいは逆にその結びとして、そんな言い方をするのである。われわれはどちらのやり方をすべきなのだろうか。

それはともかく、直線による点の合成や点による直線の合成が事実問題ではなく慣例の問題なら、点や直線そのものも実はそうなのだ。⒃や⒄のような言明は、何が点、直線、あるいは領域を作り上げているかという点にかんして中立であるばかりか、点その他のものが何であるかにかんしても中立である。われわれは当該の空間の見本が点、直線あるいは領域の組み合わせであると言ったり、点（あるいは線や領域）の組み合わせであると言ったり、あるいはまたこれらすべてを一緒にした組み合わせであるとか、単一の塊りだと言ったりする。この場合、言及されたもののどれひとつとして残りのものとは同一ではないのだから、そう言いながらわれわれは空間とは何かについて、無数の対立する代替可能な記述からひとつを選んでいるのである。それゆえ不一致は事実にかんしてではなく、空間の編成もしくは記述のために採用された――点、直線、領域、そしてそれらの組み合わせ方にかんする――慣例の相違によるとみなすことができる。では、これらさまざまな名辞によって記述された中立的事実または事物とは何だろうか。それは、(a)不可分な全体としての空間でも、(b)さまざまな説明に動員されたすべてのものの組み合わせとしての空間でもない。というのも(a)と(b)は、空間を編成するさまざまなやり方のうちの二つにすぎないからだ。しかし、そのように編成されるそれとは何だろうか。それを記述する仕方が見せるあらゆる差異を慣例がもたらした層としてはぎとった場合、何が残るだろうか。玉ねぎを芯までむけば、からっぽが残されるにすぎない。

視界を広げて、そこに空間の見本だけではなく、空間の全部と他のあらゆるものを収めるなら、対照をなすヴァージョンの多種多様さは途方もなく増大する。しかしそれらの調停は相変わらず同様なやり方で求められる。仮現運動というわれわれにおなじみの例を振り返ってみよう。

(18) 点はスクリーンを横切って動く
(19) そのように動く点はない

もし刺激領域と視覚領域が完全に分離していると想定すれば、相反する色の記述が対象の異なった部分に適用される場合とほとんど同じで、二つの言明を隔離によって調停できる。しかし、それよりありふれたやり方として、もし右の言明をそれぞれ一部として含む刺激ヴァージョンと視覚ヴァージョンを、同じ領野を異なった仕方で取り扱うもの、共通の世界にかんする別々の報告とみなせば、見える点と見えない刺激の両方が、この共通の世界から姿を消すだろう。再言すれば、時間に対する距離の変化についての言明(13)は、地球の運動についての相反する記述(9)と(10)にかんしては中立であるが、地球のような物理対象を認めない知覚ヴァージョンとは衝突する。物理対象、出来事、そして知覚現象は、点、直線、領域、そして空間と同じ扱いを受けるのである。

要するに、真理と真理が衝突する原因《もと》であるすべての特徴を捨象すれば、事物も事実も世界も欠いたヴァージョンだけがわれわれのもとに残される。ヘラクレイトスとかヘーゲル〔ドイツ観念論哲学の代表者。一七七〇―一八三一〕なら言ったであろうように、対立があるからこそもろもろの世界が存在できるように思われる。反対に、もしわれわれがなにか二つの真理を、事実にかんして衝突しており、それゆえ異なる世界でこそ真であるとして受け入れる場合、それら真理の事実関係以外の点での対立を、単なる語り方の違いとして度外視する根拠が不明になる。たとえば、対立する言明は同じ事物にかかわる限りで同じ世界に適用されるという言い方は、なるほど(9)と(10)を同じ世界に適用された言明にしてくれるだろう。だが、たいていの事例でこの言い方はほとんど助けにならないだろう。たとえば、(14)と(15)は同じ点について語っているのか。点が横切って動くスクリーンは、横切って動く点がないスクリーンと同じだろうか。見えるテーブルは分子の堆積と同じなのか。哲学文献で長々と論じられてきたこのような問いに対するその答は断乎たる然りでありかつ断乎たる否ではないかと、私はひそかに思っている。実在論者は世界は存在しないという結論にあらがうだろう。観念論者は対立するあらゆるヴァージョンは別々の世界を記述するという結論にあらがうだろう。私はと言えば、これらの見解は同じように好ましく、同じようにけしからんとみなしている——というのも、要するに見解の違いは慣例に由来するにすぎないからだ！

われわれが実践面で好きなところに線を引き、みずからの目的に好都合な場合にしょっちゅうそれを変えることは言うまでもない。理論の水準ではどうかというと、たとえば物理学者が粒子説と場の理論のあいだを嬉々として行き交うように、われわれは極端な理論から理論へと身軽に移り行くのである。饒舌な見解がお喋りの挙句にあらゆるヴァージョンを反古にしかねない場合、われわれはすべての真なるヴァージョンは世界を記述するのだと主張する。妊娠中絶反対の気運が世界の過剰出産を招きかねない場合には、われわれはすべてがお話にすぎないと言う。別の言い方をすれば、哲学者は戯れの恋をする男のように、どの世界にも執着していないか、あまりに多くの世界に執着しているか、いずれかの自分をたえず見いだすのである。

ちなみに多くの世界あるいは多数の真なるヴァージョンを認めれば、必然性と可能性についての無害な解釈が示唆される。もし全世界もしくはすべての真なるヴァージョンにおいてある言明が真である場合、そうした世界もしくはヴァージョンからなる領域《ユニヴァース》においてこの言明は必然的であり、どの世界もしくはどのヴァージョンにおいても真でない場合、それは必然的に偽であり、またいずれかの世界またはどれか真なるヴァージョンにおいて真である場合、それは偶然的もしくは可能的である。様相の繰り返し〔二つ以上の様相演算子を含む様相のこと。たとえば

〔「……が可能であるのは必然的である」〕は領域の領域によって解釈されるだろう。たとえば、言明がそのような上位の領域において必然的であることが必然的なのは、それの成員であるすべての領域において必然的に真である場合である、等々。様相計算の定理に類したものは簡単に導かれるのである。しかしこのような説明は、湧き水がアルコール中毒患者を満足させないように、可能世界の熱烈な首唱者をまず満足させないだろう。

3　検証と真理

これまで述べてきた結論や観察あるいは疑いは、真理の取り扱いに少なくとも三様の仕方で関係する。すなわち(1)真理にかんする、情報を与えないけれども標準的な定式は、情報を与えない点では変わらぬ別の定式に修正される必要があるということ。(2)言明やヴァージョンを選択するさいに、真理に加えてそれ以外のものの考慮が重要になるということ。そして、(3)真理とその検証との関係についての困難な問題をやや容易にできるということ。以上三点を順次説明していこう。

第一に、この件は重要度がもっとも低いのだが、「「雪は白い」は、雪が白いとき、またそのときにかぎって真である」というおなじみの格律〔タルスキーによる「真理」の意味論的分析〕は、「「雪は白い」が所与の世界で真であるのは、その世界で雪が白いとき、またそのときにかぎる」といった定式に改訂しなければならない。そして真なるヴァージョン相互の差異は世界相互の差異と明確には区別できないから、後者は結局「「雪は白い」がある真なるヴァージョンに照らして真であるのは、そのヴァージョンに照らして雪が白いとき、またそのときにかぎる」に帰着するのである。

第二に、真理の対立は、言明やヴァージョンを選ぶとき真理だけが唯一考慮すべき要素ではありえないことを、効果的に思い起こさせてくれる。前に述べたように〔第一章五節〕、対立がない場合でも真理だけでは十分とはとても言えない。真理といっても、些末な、ピント外れの、理解不可能な、あるいは冗長な真理などいろいろある。あまりに広い、あまりに狭い、あまりに退屈な、あまりに奇怪な、あまりに複雑な真理もある。あるいは、該当するヴァージョン以外のものから得られた真理がある。たとえば、動いた捕虜は誰かまわず射殺せよ、と命令された衛兵がやにわに全員を撃ち殺し、連中は地軸のまわりと太陽のまわりを急速に動いていたものですから、と釈明した場合の「真理」がそうだ。

さらに、われわれのやり方の特色をいえば、われわれはまず一定の言明を有意味で役立つものとして選別し、その後その中のどれが真かを考えるのではないし、まずある一定の言明を真として選別し、ついで他の基準を適用してその中からふたたび選択するのでもない。むしろわれわれは当初、偽であるがおそらく他の面では正しいとか、ことによると真かもしれないが誤りであると解された言明を排除することから着手して、このやり方をさらに続けるのである。言明のこうした評価は、このかぎりでは、真理が必要条件であることを否定するものではなくて、ただ真理から一定の卓越さを奪うものにすぎない。

しかしもちろん真理は、言明を選り抜くための十分な理由でないのはおろか必要な理由でもない。ほとんど真理と見てよい言明をさしおいて、しばしば、真でないだけでまず正しいと見られる言明が選ばれる場合がある。そればかりか、真理があまりに込み入っていたり、あまりに雑然としていたり、他の原理と気持ちよく適合しない場合には、もっとも真に迫った、受け入れやすく、啓発的な嘘が選り抜かれることもある。たいていの科学法則はこの種のものである。すなわち、法則とは委曲を尽くしたデータの細大漏らさぬ報告ではなく、容器に無理やり内容をつめこむといった体の、大雑把な単純化なのである。

科学法則にかんするはなはだ不遜なこの見方は、科学法則とは近似を暗に言明したものにすぎないという根拠から――たとえば $v=p \cdot t$ という式の＝は「に等しい」ではなく「近似的に等しい」と読むべきであるという理由で、しばしば反対される。こうして真理の尊厳と卓越とが保護されるのである。しかし、この種の法則を真理《トゥルース》への近似と呼ぶか、真《トゥルー》の近似と呼ぶかはほとんど問題ではない。問題なのはまさに、近似の方が真理とみなしうるもの、もしくはより精確な真理とみなしうるものより好まれるという事実なのである。

これまで私は正しさにかかわる真理とは別のいくつかの基準を、真理を補足するもの、時には真理と競合するものとさえ解してきた。ところでこれら真理以外の要件にはそれ自体真理の検証手段としても、といったらよいか、むしろそうしたものとして役立つものがあるのだろうか。なんといっても、真理を判定する場合には何らかの検証手段を用いなければならない。たとえば有用性や整合性のような特徴は目を惹く重要な候補である。無益でこみ入った真理や有益で巧妙な虚偽のれっきとした実例を簡単に作りだせるという事実は、有効性や整合性の意義を否定するわけではなく、たかだか真理の検証が絶対の確実さをもたず比較的確実であるということを示すにすぎない。それに、適切《グッド》な検証は絶対に確実でなくともかまわないのだ。ある物体が磁石に牽引されることは、それが鉄であることの適切な検証であるが、絶対確実な検証ではない。それに、有効性、整合性、あるいは他の特徴が、なぜ真理の指標であるかを説明できなくともかまわないのである。牽引力と鉄の組成との結びつきを全然理解していなくても、牽引力を物体が鉄であることの検証として使うことができる。検証に必要なことは、牽引力と鉄の組成との間に相関関係が存在するのを正当な理由に基づいてわれわれが確信できること、このことに尽きるのである。鉄の組成を知る前に牽引力が検証手段として採用された場合、問題の相関関係は、牽引力と他の検証結果との間に、あるいは牽引力とあらかじめ設けられた、鉄と非鉄という対象の分類との間に見出される。真理についても、ほとんど同じように語ることができる。ある言明にかんしてははっきりした真偽の評価が何もない場合、われわれは多種多様な検証を試みて、それらをたがいにつき合わせたり、大雑把で部分的な、真の言明・偽の言明という既存の分類とそれらを照合したりする。真理は知能と似て、ことによるとさまざまの検証手段によって検証されるものにすぎないのかもしれない（知能の水準を測定するためのテストには、ビネによって開発されて以来、多種多様なものがある。従って、各々のテストによって測定される多種多様な「知能」があることになるだろう）。真理とは何かということにかんするもっとも満足のゆく説明は、真理を判定するのに使われる検証や手続きによる「操作的」説明だろう。けれども哲学者は、鉄の科学的定義なみの真理の確乎とした特徴づけに達したいと望んでいる。これまで一部の哲学者は、真理をなにか実証しうる特徴と同一視するために相当巧妙な論証をおこなってきた。

　そのような努力の中で名だたるものは、実用主義者《プラグマティスト》が提唱した有用性による真理の解釈である。(11) 真なる言明とは、自然を予測したり、統御したり、打ち負かしたりするのに利用できる言明であるというテーゼには少なからぬ魅力がある。しかし、有用性と真理にはいくつか著しい不一致がある点をきちんと説明しなければならない。真理とは違い有用性が程度の問題である点は、おそらく有用性を真理そのものの基準としてでなく、真理への近さを測るものとみなすことによって処理できるだろう。真理とは違い有用性が目的に相対的である点は、前に述べたように、真理が絶対的ではなく相対的であることが認められれば、それほど不都合ではなくなるかもしれない。しかし、目的に対する相対性は、世界やヴァージョンに対する相対性とは明らかな仕方で直接結びつくものではない。というのも、代替可能な真なるヴァージョンや言明と一口に言っても、なかには多くの目的に大いに有用なものもあれば、ほとんど何の目的にも有用でない、それどころかある種の虚偽にくらべそれほど有用でないものもあるからだ。ここでおそらく切り札としてこういう議論が持ち出されるだろう。すなわち、他の何よりも優先するある目的――知識の獲得という目的――にとっての有用性こそを真理と同一視できるというのだ。しかしこの場合、実用主義のテーゼは凱歌を奏したとたんに効力を失うのではないだろうか。真理獲得という目的を真理こそがもっともよく果たすということは、明白であると同時に空虚である。

確たる信念、あるいは信念の成文化《コディフィケーション》としての信憑性によって――言いかえれば、はじめに抱かれた信憑性に推論、確証、蓋然性等を加えたものによって真理を解釈する多くの試みは、最大の信憑性をもつ言明がしばしば偽だと判明し、最小の信憑性しかない言明がしばしば真だと判明するではないかという至極当然な反論に直面する。(12) こうして、信憑性は真理への近さの尺度にさえならないように思える。しかし、この障害は越え難いものではないだろう。永久という観念――これを、任意の時間がすぎた後もずっと続くという意味だと解することにする――をしばらく考えてみよう。ある対象または素材が永久であることをわれわれは決して立証できないけれども、永久には及ばないさまざまな程度の永続性を立証することはできる。同じように、完全かつ永久の信憑性は立証できないけれども、それには及ばぬさまざまな程度の強度と永続性をもつ信憑性を立証することはできる。では、到達はできないが完全かつ永久の信憑性と到達しえない真理とを同一視したものだろうか。われわれは完全かつ永久に虚偽を信じることだってある、つまり完全にかつ永久に信憑しうるものが真でないことだってあるという、さっそく持ち出される異議に対してはたぶんこう答えればよいだろう。すなわち、信念または信憑性が、実際、完全で永久であるかぎり、真理からの逸脱などはわれわれにとってそもそも問題になりえないのだ。そこで提案は次のようになると思われる。もしそのような逸脱があるとしたら、ますます真理にとっては不都合なのだから、完全かつ永久の信憑性を残して、真理はお払い箱にしてしまえ、と。そのような信憑性は真理と同様に到達できないものだが、永久ということが永続性によって説明できるのとまさに同じで、到達できるものによって説明できる――これが提案である。(13)

真理を定義する要素として、有用性や信憑性のいずれよりも尊ぶべきは整合性《コウヒレンス》である。

整合性にはさまざまな解釈の余地があるが、どんな場合でも欠かせないのは無矛盾性という条件である。ここでも論ずべき問題はこれまでに山積している。そこで議論を、どんな整合的な世界＝ヴァージョンにも、それと衝突する、等しく整合的なヴァージョンがあるという、古典的で人を意気沮喪させる反論にかぎろう。しかし、われわれが二つの対立するヴァージョンをどちらも真だとして進んで受け入れる場合、この反論の力は弱まる。そして、内的整合性と外的対応とに相関関係を確立することの難しさは、他ならぬ「内的」と「外的」という区別を俎上に載せる場合に軽減する。内容と慣例——語られたものとその語られ方——の区別が生彩を失うことになったように、ヴァージョンと世界との対応は、ヴァージョンのもつ整合性をはじめとする特徴から独立に成り立つものではないのである。整合性をどのように定義するにしても、どのみちそれが真理の十分条件ではないことは明らかだ。むしろそれは真理を確定しようとわれわれが努力するさい、当初抱いた信憑性に基づく判断と共同して働く要因だと思われる。(14) しかし少なくとも確かなのは——そしてこれは本節冒頭で言及した第三の論点だが——整合性をはじめヴァージョンのいわゆる内的特徴を、真理を検証する手段としては失格だとはもう言えないということである。

かなり駆け足で真理をその味方や競争者とのかかわりのもとで眺めてきたが、これについてはここで切り上げよう。今度は、真ではなく、といって偽でもない事柄を、われわれが揺がぬ相当な自信をもって正しいと判定するいくつか明確な事例を見ることにしよう。

4 真理性《ヴェラシティ》と妥当性《ヴァリディティ》

正しさはさまざまな場合に問題になるが、そのもっとも明快でまぎれようもない基準のひとつに数えられるのは、演繹的論証の妥当性を定める基準である。ところで妥当性は、言うまでもなく、妥当な論証の前提と結論が偽であってかまわないという点で真理から区別される。妥当性は推論規則へ、すなわち個々の推論を受け入れたり退けたりする演繹の営みを成文化する規則へ、この論証が合致することに基づいている。(15) こうして演繹の妥当性は真理とはあくまで別であるが、にもかかわらずそれから完全に独立なわけではない。真なる前提から出発した妥当な推論は真なる結論をもたらすという意味では、妥当性は言明同士を関係づけるのだ。実際、妥当な推論の主要な機能は、真理と真理とを関係づけることである。そのうえ、妥当性は正しい演繹的論証に課せられた唯一の要件でもない。演繹的論証は前提が真であり、推論が妥当である場合にかぎっていっそう十全な意味で正しい。こうして、演繹的論証の正しさは、必ず妥当性を必要とするとはいえ、やはり真理と密接に結びつくのである。

さて、帰納の妥当性について考えてみよう。ここでもやはり、前提が真であることも結論が真であることもその要件ではない。また帰納の妥当性も、演繹の妥当性と同じく、実践を成文化する原則に論証が合致するかどうかに基づいている。しかし、帰納の妥当性は演繹の妥当性にくらべ、真理からさらに一歩遠くにある。というのも真なる前提から出発した妥当な帰納的推論は、必ずしも真なる結論を生み出さないからだ。

他方、帰納の正しさは演繹の正しさと同じく妥当性に加えて前提が真であることも要求するが、なおそれ以上のことも要求する。(16) まず、正しい帰納的論証はただ真なる前提だけにではなく、利用しうるあらゆる真の証拠にも基づかなくてはならない。ある仮設を肯定する一定数の事例から出発した帰納的論証は、もしそれを否定する事例が無視されているなら、正しくはない。調査した事例すべてを考慮に入れなければならないのだ。これに類した要求は演繹的論証には課せられていない。この種の論証は、前提がいかに不完全であろうとも、それが真でありそこから妥当に進むかぎりそれで正しいのである。

帰納の正しさを、帰納の妥当性プラス調査された全事例という形で性格づけることでは、まだその性格を完全に捉えたことにはならない。もし当該の全事例が事実上一九七七年以前に調査されたものとして、ここから、どんな事例もすべて一九七七年以前に調査されるだろう、という論証をおこなったとする。全事例が踏まえられているにもかかわらず、これではまだ帰納としては間違っている。また、たとえこれまで調査されたエメラルドがすべてミドオ色だったとしても、すべてのエメラルドはミドオ色であるという仮設を導く帰納的論証は、やはり誤りなのである。帰納の正しさに要求されるものは、証拠となる言明や仮設が「本当の」または「自然な」種にかかわるものであること——あるいは私の語法では、「ミドオ色」や「アドリ色」〔「アオ」と「ミドリ」を合成した色名〕のような投射不可能な述語ではなく「ミドリ色」や「アオ色」のような投射可能な述語を用いて表現されること、こうしたことなのである。このような制限がなければ、正しい帰納的論証から無数の対立する結論——すべてのエメラルドはミドリ色である、ミドオ色である、ミドカ色〔「ミドリ」と「アカ」とを合成した色名〕である、等——が生まれることをいつでも示しうるだろう。

要するに、帰納の正しさについては、調査事例にかんする、投射可能な述語で表現された、あらゆる真なる報告からなる前提を出発点として論証を進めるべし、という点が要求されるのである。こうして、帰納の正しさには前提が真であることがやはり要求されるけれど、さらに他の厳しい要求も加えられる。そしてわれわれは帰納的論証によって真理に達したいと願うが、しかし、演繹の正しさとは異なり、帰納の正しさはただちに真理を保証するものではない。もし演繹的論証が真なる前提から出発して偽なる結論へ達した場合、この論証は間違いであり、そこに含まれたさまざまな推論は妥当性を欠く。しかし、あらゆる点で妥当で正しい帰納的論証が、にもかかわらず、真なる前提から偽なる結論に達することがある。この本質的な相違のおかげで、帰納を――正しい帰納は、つねにそうでないとしても、頻繁に真なる結論をもたらすことを証明するという意味で――「正当化」しようとする血迷った無益な試みが鼓舞されてきた。穏当な意味における帰納の正当化とはむしろ、推論規則が帰納的実践を成文化することを明示しなければならない。すなわちそれは、規則と実践の相互の調整をもたらすこと、そして投射可能な述語や帰納的に正しいカテゴリーをそうでないものから区別すること、この二つを内容とすべきなのである。

以上からわれわれは、今や、帰納的に正しいカテゴリーとは何かという問いへ、それゆえ一般に第三の種類の正しさ、すなわちカテゴリー把握（カテゴリー化）の正しさへと導かれる。このような正しさは真理からさらに一歩遠ざかっている。というのも、演繹の正しさや帰納の正しさは、言明すなわち真理値の担い手となおかかわりをもつが、カテゴリー把握の正しさは、真理値など担うことのないカテゴリーや述語、もしくはそのシステムに付随するからである。

正しい帰納的カテゴリーとそうでないものが何によって区別されるのかという問いについて、私はただ他のところで（*FFF*:IV）あらましを述べた解答案の要点を示すしかない。投射可能性の第一要因は習慣である。習慣の支えという点を除けば優劣のない立派な仮設が対立する場合、通常選ばれるのは、習慣の守りがより堅固な述語をそなえた仮設である。

言うまでもなくヨットが前進するためにはどうしても風圧がいる。つまり、重要な結合や区別を新たにおこない、それらを考慮に入れた新たな組織の導入のためには、圧力が存在しなくてはならない。惰性は探求や発明によって変更を施される。しかし逆に探求と発明は、習慣に守られた一般的な「背景をなす」原理やそのメタ原理、さらにメタ・メタ原理などによってある程度制約される。(17) これらの要因に基づいて、投射可能性ないし正しい帰納的カテゴリー把握を実質的に規定する規則は定式化される。だが、これは困難でこみ入った仕事である。もちろん帰納的に正しいカテゴリーは、科学一般にとって正しいカテゴリーと一致する傾きにある。しかし、目的がさまざまであるのに応じて、さまざまな有意な種が生み出されるかもしれないのだ。

異なったカテゴリー把握を採用するそれぞれのヴァージョンからどれを選択するかという問題は、異なった座標系を採用する運動の複数の記述から選択をおこなう場合のように、ときとして、主に便宜のことがらである。結局のところ、太陽中心の体系を地球中心の体系に翻訳できるのとほぼ同じ意味で、われわれは通常の帰納的論証を、いくらかぎごちないかもしれないが「ミドオ色」や「アドリ色」のような名辞で言い直すことができる。「ミドリ色」を「t時点以前に検査された場合にミドオ色で、その他の場合にはアドリ色」に置き換え、「アオ色」を「t時点以前に検査された場合にアドリ色で、その他の場合にはミドオ色」に置き換えさえすればよい。にもかかわらず、現行の実践に照らすかぎり、われわれが現におこなっている帰納的推論の筋道を特色づけるものとしては、「ミドリ色」と「アオ色」によるカテゴリー把握が正しく、「ミドオ色」と「アドリ色」によるそれは誤りである。衛兵が間違った座標系を選択した結果が虐殺された捕虜にとって単なる不都合ではすまないように〔二二五頁を参照〕、間違ったカテゴリーを用いたことの報いは単なる不都合にとどまらない。前の例とは異なり「もし連中の色が変わったら撃て」という命令が下されたとしよう。もし衛兵がそのとき変則的な色の述語を投射した場合には、この例も同じように致命的だったろう。投射不可能なカテゴリーによる帰納は、この帰納の結論からどのような結果が持ちあがるにせよ、単にぎごちないというだけでなく、間違いなのである。帰納の正しさは投射された述語の正しさを要求する。だが述語の正しさは、今度は、実践に応じて変わりうるのだ。

私の著作を批評する者は、ある題目について私が「論証なしにこれこれと述べている」とときどき不平を言う。どこかで読んで私が今ぼんやり思い出せる特定の例をあげると、それには「グッドマンは論証をおこなわずに、代表作用の核が外延指示であると述べている」と書いてあった。この言葉に促された私はなぜ自分がそのように重大な断言を論証抜きですするのか、反省してみた。そして私が見出した理由は、前提から出発する推論をともなう論証はどんな意味でもこの場合まったく不適切だということである。批評家が言及したその文脈で、私は信念を開陳しているのではないし、テーゼや教義を唱道しているのでもない。むしろ私はあるカテゴリー把握ないし編成の図式を提唱し、有意義な類似や差異となりうるものを捉えるべく自家の網を張る方法へと注意を喚起しているのである。そこではカテゴリー把握や図式のための論証が提示されたのだ。しかしそれは、カテゴリー把握が真であることの論証ではありえないだろう。というのも、カテゴリー把握は真理値を担わないから。むしろそれは世界を制作し理解をおこなうにあたり、そうしたカテゴリー把握が有効だという論証なのである。そのような論証は、絵画による代表と言葉による外延指示との重要な相似に注意を促すこと、この比較によって明らかにされる曖昧さや混乱を示すこと、こうした編成が記号理論の他の局面とともにどのように働くかを示すこと、こうしたことを内容とするだろう。カテゴリー体系にとって証明の必要があるのは、それが真であることではなく、何をなしうるかということである。怪しからぬ言い方かもしれないが、このような場合に要求されるのは、論証よりもセールスに似たものなのである。

5　正しい代表

演繹的推論ならびに帰納的推論の妥当性、述語の投射可能性は、それぞれ程度こそ異なるが、真理とは独立している。けれどもそれらは言語からは独立ではない。これらはすべて言葉を用いたヴァージョンに適用できる標準である。言葉によらないヴァージョンの正しさについてはどうだろうか。たとえば、絵による代表はどんな場合に正しいのだろうか。おなじみの二つの答は、代表はそれが描写するものに似ている限りで正しいというものと、代表はそれが実際に真なる言明をなす場合正しいというものである。どちらの答も満足のいくようなものではない。

最初の類似による答の欠点は、これまでも文献において十分詳しく述べられてきたので[18]、ここでこと細かく議論を蒸しかえすのは不必要である。代表の正確さは記述の正確さと似て、体系や枠組に応じてさまざまに変わる。この点で「この絵は正確か」という問いは、「地球は動くか」という問いに似ている。逆遠近法などの歪んだ遠近法で描かれた絵[19]やそれぞれの色をその補色で置き換えた絵は、所与の体系のもとで正確でありうる。それはちょうど、写実的と呼ばれる絵が現行の標準的な西欧流の代表体系のもとで正確であるのと同じである。しかしこの場合、「写実的《リアリスティック》」という述語に二つの異なる用法があることを忘れてはならない。よりありふれた用法では、慣習《カスタム》となった代表体系のもとで正確であるかぎりその絵は写実的である。たとえば現在の西欧文化においては、デューラー〔ドイツの画家、版画家。一四七一―一五二八〕の絵はセザンヌ〔フランス後期印象派の画家。一八三九―一九〇六〕の絵よりも写実的である。この意味で写実的な、あるいは正しい代表には、正しいカテゴリー把握の場合と同じく慣習《カスタム》の遵守が必要な条件であって、この種の代表は同じように習慣《ハビット》に依存するふつうの類似判断とゆるい相関関係をもつ傾向にある。他方、この基準によっては、写実的でない代表も、ちょうどある尋常ならざる座標系のもとで地球にペトルーシュカのダンスを踊らせることができるように、異なった体系のもとできわめて正確にものを描写することができる。そして「不自然な」枠組や体系も、ある種の状況のもとで、たとえば異文化で効を奏するとか特殊な目的に採用されるなどして、正しいものになるかもしれない。画家なり写真家が世界のかつて不可視だった側面を制作ないし一般に暴露するとき、彼は時おりこう評される。現実の新しい側面を発見し提示することによって、彼は新たな段階の写実主義を達成したのだ、と。正しいがわれわれには不慣れな体系のもとで代表がおこなわれる場合、習慣化ではなく啓示という意味での写実主義が問題なのである。「写実的」という語のこの二つの意味には、惰性と独創力の二要素が反映しているが、帰納とカテゴリー把握の正しさという問題を調べたさいにも、この二要素が抗争する事実をわれわれは認めた。

代表の正しさという問題に対する残りの答——絵が言明をおこなうと想定し、その絵の真理に正しさを基づかせようとするやり方——には厄介な問題がある。すなわち、絵は言明をおこなわないのだ。大型の黄色い壊れた旧式の車の絵は、「大型の黄色い壊れた旧式の車」という記述がそうであるように、以下のどの言明も、あるいは他のいかなる言明をもおこなわない。

その大型の黄色い壊れた車は旧式である
その大型の黄色い旧式の車は壊れている
その大型の壊れた旧式の車は黄色である
その黄色い壊れた旧式の車は大型である

代表と記述はいくつか重要な点で異なりはするが、どちらもその正確さが真理の問題ではありえないことで一致する。
言明をおこなうヴァージョンと並んで記述をおこなうヴァージョンについても、ヴァージョンの対立を否定という角度から解釈できる。「いつでもどこもかしこも赤い」と「一度もどこも赤くない」とは対立するが、「緑色」と「丸い」とは対立しない。そして二つの正しいヴァージョンが対立し、前に説明したような仕方では二つを調停しえない場合、それらは(もしあるとすれば)異なる世界に属するのである。しかし、代表をおこなうヴァージョンにとってははっきりした否定というものは存在しないのであるから、異なった事物を描いた二枚の正しい絵と、同じ事物を描いた別々の正しい絵とは、何によって区別されるのか。一枚のスーチン〔ロシア出身のフランスの画家。一八九四—一九四三〕の絵と一枚のユトリロ〔フランスの画家でパリの風景を好んで描いた。一八八三—一九五五〕の素描を眺めてみよう。前者は厚い盛り上げ塗り《インパーストゥ》と曲線でゆがんだ二つの窓のあるファサードを表わし、後者はまっすぐな黒い線でひとつの戸と五つの窓のあるファサードを表わしている。では二枚の絵は異なった建物を代表しているのか。それとも同じ建物を異なった仕方で代表しているのか。言明をおこなうヴァージョンにとってさえ、言説の素材と様態との間に、明確で確固とした一般的区別を引くことはできないことをここで心に留めておかねばならない。時には文とその否定を何らかのやりくりで調停することができる——たとえば、二つを世界の異なった部分または時期に適用されるものとして扱えばよい。同様に、二つの動画、ひとつは時計回りに回転する球、もうひとつは時計と逆回りに回転する球の動画は、地球を異なった観点からそれぞれが正確に描写しているのかもしれない。二つのヴァージョンが同じ世界にかかわることを示すことは、それらがいかにぴったり調和するかを示すことを意味する。そしてスーチンの作品とユトリロの作品についての先の問いは、厖大な分子の堆積と私のテーブルが同じかどうかという問いとほとんど同じなのである。

　右のような問題はさておき、言明はそれが適合する世界に対して真であり、記述または代表は、それが適合する世界に対して正しい。虚構のヴァージョンはどうかというと、その媒体が言葉か絵かにはかかわらず、隠喩的な意味あいにおいて世界に適合し、その世界に対して正しいとみなすことができる。記述の正しさや代表の正しさを真理のもとに包摂しようと試みるよりも、真理をこれらと共に、適合《フィット》の正しさという一般観念のもとに包摂した方がよいと私は思う。(20) そこでわれわれは、正しい適合の本性と基準の立ち入った検討は後にまわして、まず、事実的もしくは虚構的な言明、記述あるいは代表とは別のヴァージョンを取り上げることにしたい。

6　公正な見本

抽象的な視覚作品や音楽作品の正しさは、デザインの正しさといった側面をもつだろう。と言えばここで、真理になんとか比肩できるような正しさだけに言及をとどめず神聖な美の領域に侵入するとはけしからんと、われわれを非難する向きがあるかもしれない。私は藝術、科学そして知覚が世界制作の部門としてまさに連続性と統一性を保つということ、三者がまさに類縁のものであることを強調したが、このような異議申し立てには私の強調した見解に対する正面きった反対が、はしなくも表わされているといってよい。抽象作品の正しさ、または非抽象的作品の外延指示的でない側面の正しさは、真理と同じものではないが、まったくそれと無縁でもない。どちらも正しさという、より類的な観念の種なのである。美あるいは美的正しさとは真理だという言い方や、美は真理とは比較すべくもないものだという言い方は、私にはどちらも誤解を招くスローガンのように思える。ここで私が美に言及しているのは、単にそれを今後の考察から除外するためにすぎない。

前に見たように、字義通りにも隠喩的にも、何一つ言明も記述も代表もしない作品や記号、あるいは何かを外延指示しようとさえしない作品や記号も、例示によって世界を提示できる。こうした例示の正しさや誤りを成り立たせるのは何だろうか。見本はどんな場合に正しいのだろうか。

きわめて明らかなことだが、述語その他のラベルが間違ってある対象《もの》に適用されることがある——たとえば緑色の対象に適用された「赤」という語——のとちょうど同じで、ある対象がそのラベルの事例などではなく、問題の属性を有していないという意味で、間違った見本となることがある。しかしまた、あるものがある述語や属性の事例ではあってもその見本ではないということもある。たとえば洋服の生地見本がそうだ。その小切れはある大きさと形の事例ではあるが、こうした特徴を指示しない以上、それは大きさや形の見本ではないのである。

それゆえ、現実にある特徴の見本であるもの(21)が、にもかかわらずその正しい見本ではないといったことがありうるかどうかがさらに問題となる。たとえ検査されたエメラルドがすべてミドオ色であっても、「すべてのエメラルドがミドオ色である」を結論として導く帰納的論証は間違いである。また、たとえ捕虜が事実動いたとしても、衛兵は彼らを撃つべきではなかったのだ。われわれはすでにこれらのことを認めた。しかしこれは、今の問いに近づくために若干のヒントを与えるかもしれないが、直接の答を示唆することがらではない。

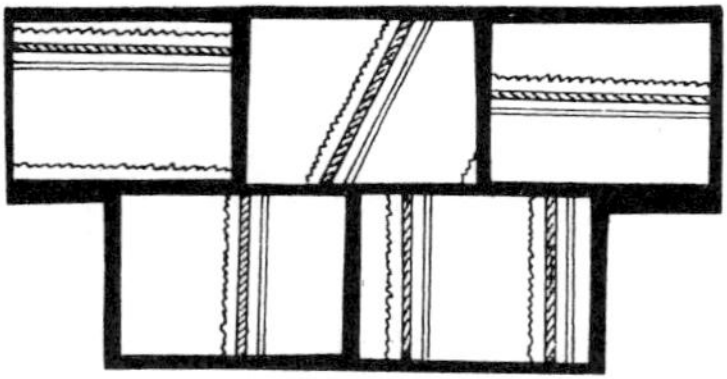

図5

われわれは日常の言いまわしで、ある特徴の見本ではないということと見本ではあるが公正な見本ではないということとを実際に区別している。一巻きの織物から切り取られ、見本として使われた小切れは公正な見本であるとは限らない。それは小さすぎて縞柄をまったく示していないかもしれないし、縞柄の要素である文様《モチーフ》を一部分しか示していないかもしれないし、あるいは誤解を招くような方向で示しているかもしれない。図5に素描された五つの見本は、すべて同じ一巻きから取られたものとみなすことができる。おのおのは他と同量の素材を含むが、もちろんどれも縞柄全体（数多くの長い縞からなる模様）を含んでいない。(22) それでも、五つのうち右下の見本が唯一公正な見本であろう。なぜその見本が公正なのか。公正な見本とは何を意味しているのか。

答を試みる前に、ある樽に詰められた芝の混合種子の見本という、ちょっと違った事例を見てみよう。混合種子の公正な見本であることの基準として、必要に応じて、次の二つのどちらかを適用できるだろう。最初の基準は、見本の混合種子が樽の中の混合種子と同じ混合比であること。二番目の基準は、樽の中味がすっかり混ぜあわされ、見本の諸部分が樽のさまざまな深さからまんべんなく抜き取られている等の点で、公正に抽出された見本であること。最初の基準の理論的根拠は明らかだが、多くの場合適用が不可能である。それで二番目のような、弁護するのが容易とはとても言いかねる基準にたよることになるのである。われわれが樽の中のさまざまな種の比率を知っている場合、見本の比率を同じにすることによって最初の意味で見本を公正にできる。しかし、海水とか飲料水から見本を抽出する場合、見本が最初の意味で公正であると知ることは――そうしたいと思うけれども――できない。われわれはその見本が港や貯水池を満たしている混合物を正確に反映していると想定する根拠として、見本を採取するさいの公正さとみなされるものに頼る。しかし、見本抽出にあたってのそのような公正さは何によって決められるのか。

この問いは――それにその答も――読者にはおなじみなはずである。右の意味で公正な見本とは、全部の見本もしくはさらにそれに追加された見本の、パターンなり、混合比なり、あるいは他の有意な特徴なりへ正しく投射できる見本である。このような公正さまたは投射可能性は、なされた投射と全体や他の無際限な見本が現にそなえる特徴との一致を条件とはしないし、またそのことを保証もしない。こうした公正さはむしろ、見本の解釈が――すなわち、見本から当の特徴へ移行し、同時にその特徴が投射可能かどうかの決定[23]が、適切な実践に従うか否かにより決まる。反対に、適切な実践は、欲求不満と創造にうながされて絶え間ない改訂をとげてゆく習慣に依存している。正しくなされた予測の結果が誤りである場合、この失敗は不運のせいにされることもあるが、もし失敗が著しかったり大幅だったりすれば、適切な実践のなかみを修正するよう求められることもある。見本の間の何らかの一致は、適切な実践ならびに見本の公正さの検証になる。しかしまた、そのような一致は、どんなラベルや種が有意であり正しいかに大きく依存している。こうしてふつうの帰納の場合と同じく、ここでも、習慣の守り＝革新が主たる要因なのだ。何が例示されているか、見本は公正に抽出されているか、例示された特徴は投射可能か、見本同士の一致とはどういうことか、こうした項目の決定にはこの要因が介入する。とはいえ、証拠に基づく投射可能性が見本の公正さと異なる点は、主として、証拠や仮設は言明であるのに、見本や見本が例示するものは非言語的なものでかまわない、ということにある。こうしてある種の見本や、見本により例示され、見本から投射される非言語的なラベルや特徴は、証拠となる言明や仮設とは違って、外延を指示せず分節をそなえてもいない記号システムに属しうるのである。(24)

服地や種子の例を考えながら、私はいつもあたかも縞柄や混合比の投射が一巻きの布全部、樽全部、貯水池全部についてなされるかのように語ってきたが、より典型的な例は、むしろ公正に抽出された多くの部分に対しての投射である。つまりわれわれは、多くの袋入りの種子、何枚ものスーツ一着分の服地、何杯もの水について投射をおこなう。そしていくつかの理由でこれは注目に値することだ。第一に、このような一部分はしばしばわれわれにとり主要な関心事であるが、それらはすべて必要な点で全部とはまったく違っているかもしれないのだ。たとえば仮に樽の混合比が半々だとしても、すべての袋にはどちらか一方の種だけが含まれているかもしれない。第二に、それゆえ、このような場合には満たされていない見本同士の一致という条件こそが、通常の投射の見本が公正かどうかのより直接的な検証なのである。そして第三に、見本の間に要求される一致とはどのような種類のものかに注意を向けなくてはならない。小切れを適当につなぎあわすことによって同じ縞柄が生じるかぎり、すべての小切れが同じである必要はない。そして袋入りの種は正確に同じ混合比、たとえば半々の比を示す必要はなく、ただ好ましい統計的方法（たとえば中央値、平均値、最頻値などをとる方法）で、あるいは単に抽出されたすべての見本の論理和が近似的に半々の混合比をもつという点で、この比の近くに集まりさえすればよい。

藝術作品は、一巻きの布や樽から抜かれた標本ではなく、いわば海からとられた見本である。藝術作品は、字義通りか隠喩的かを問わず、世界のうちにさぐられ組み込まれたさまざまな形、感じ、類似性、対照性を例示する。全部にそなわる特徴は決定されてはいない。だから見本の公正さとは、樽を徹底的にゆさぶったり、広く散在する場所から水を抽出するという問題ではなく、むしろ見本同士を調整するという問題なのだ。言い換えれば、デザイン、色、倍音の正しさ——そのような特徴の見本としての作品の公正さ——を検証するには、例示されたものをわれわれが首尾よく発見し利用できることが必要である。何をもって見本の間の一致が首尾よく達成されたとみなすのだろうか。それは、新しい出会いと新しい提案につぎつぎと直面しながら漸次修正されるわれわれの習慣が、何を投射可能な種として採用するかにかかっている。モンドリアンのデザインは、もしそれが世界を見るうえで有効なパターンに投射可能なら正しいのである。ドガ〔フランス印象派の画家。一八三四—一九一七〕は画面の端近くに坐ってそこから外を見ている婦人を描いているが、この場合彼は伝統的な構図の標準を公然と無視し、新しいものの見方、経験を編成する新しい方法を実例によって差しだしたのである。デザインの正しさが代表または記述の正しさと異なる点は、その本性や標準がちがうというより、関連する記号作用の型と指示の様態においてなのである。

7　「正しさ」のまとめ

要するに、言明の真理と、記述、代表、例示、表出の正しさ（具体的には、デザイン、素描、言いまわし、リズムの正しさ）は、まずもって適合《フィット》の問題である。すなわち、何らかの仕方で指示されたもの、他のレンダリング、もしくは編成の様態や流儀——こうしたものへの適合の問題なのである。ヴァージョンを世界に適合させること、世界をヴァージョンに適合させること、そしてヴァージョンを全体として適合的なものにするというか、それを他の多くのヴァージョンに適合させること、これらの違いは、ヴァージョンの適合する世界の制作にあたりヴァージョンが果たす役割をはっきりと認める場合には薄れてゆく。そしてものを知るとか理解するということは、真なる信念の獲得という意味あいを越えて、ありとあらゆる適合の発見と案出に及ぶとみなされるのである。

正しいヴァージョンの探求に用いられる手続きや検証手段には、演繹的推論と帰納的推論にはじまり、公正な見本抽出や見本のあいだの一致に及ぶ、さまざまなものがある。われわれはこのような検証手段を信頼している。にもかかわらず、これら手段が正しさを決定する手だてであるという主張はしばしば曖昧に聞こえるかもしれない。実際、帰納的推論や公正な見本抽出のための手続きへ寄せられたわれわれの確信は正当化できないのだ。むしろわれわれはこの確信そのものをあてにして、そうした手続きを正当化するなんらかの道があると言うのである。「ミドオ色」をさしおいて「ミドリ色」を投射可能なものとして選ぶことにしても、あるいは一樽の種子をかきまぜ揺り動かすことにしても、雨乞いのダンス——喧伝された成功例はあるが、失敗の方は忘れられた儀礼、ひどい災いを招いたり評判をひどく落とさぬかぎり大切に温存される儀礼——に、どこか似ているかもしれない。しかしこのような意地悪い見方には、正当化に対する今では評判を落とした要求が隠されている。正当化とは、ある検証ないし手続きが正しい結論への到達を保証するかどうか、少なくともその成算を高めるかどうか、この点を説得的に論証することではない。そうではなくて、すでに見たとおり、カテゴリー把握の正しさ（これは多種多様な正しさの大方に結びついている）は、むしろ実践との適合の問題である。展開してゆく伝統によって有意な種の編成と選択がなされないかぎり、カテゴリー把握の正しさも間違いも、帰納的推論の妥当性も非妥当性も、公正な見本抽出も公正でない見本抽出も、見本の間の均等も不均等も問題にならないのだ。したがって、正しさのそうした検証を正当化するということは、それらが確実なことの証明ではなく、主としてそれらが権威をそなえることの証明にほかならないだろう。

とはいえ、検証の結果は束の間のものである。だが、われわれは真理や正しさを永遠だと考えている。もし多数のさまざまな検証に合格すれば、受容の可能性は増大する。しかし、かつて最大限に受容可能であったものが、後に受容できなくなることがある。正しさとあらゆるその検証とを隔てるこの裂け目は、すでに示唆したことだが、永久を極限の永続性と解しうるのとほとんど同じように、正しさを極限の受容可能性と解することによって橋渡しできる。絶対的正しさと同じで、極限の受容可能性にも接近はできないだろう。にもかかわらず、検証とその結果という考え方を用いて極限的受容可能性を説明することは可能である。

絵が正しい構図《デザイン》をそなえているかどうか、あるいは言明が正確に記述しているかどうかは、その絵や言明と何らかの仕方でそれらが指示するものとの入念な検討を通じて検証される。言いかえれば、絵や言明が多彩な適用例に適合するかどうか、また他のパターンや言明と適合するかどうかを試すことによって検証されるのである。ゴンブリッチも特筆する[25]「絵画は科学の一部門であって、一枚ごとの絵が実験に相当する」というコンスタブルの興味深い評言がふたたび思い出される〔グッドマンは*L.A.* p.33でこの評言を引いている〕。当初の検証をへない判断との合致やそうした判断のあいだの合致がみられ、検証をへてそうした判断が生き残ることは、デザインにとっても言明にとっても、むしろまれなことに属する。[26] そのうえ、デザインの正しさと言明の真理とは両方とも体系に相対的である。ラファエロ〔イタリア、ルネサンス期の画家。一四八三―一五二〇〕の世界では誤りであるデザインも、スーラ〔点描主義を創始したフランスの画家。一八五九―九一〕の世界では正しいかもしれない。これは管制塔から見て間違っているスチュワーデスの動きの記述が、乗客席からすれば正しいかもしれないのとほぼ同じことである。しかし、このような相対性をどちらの場合にも主観性と混同すべきではない。科学者同士の意見の共同体という誇らし気な主張は、心理学から天文物理学に及ぶほとんどすべての科学を吹き荒れた根本的な論争によって今やその鼻をへし折られている〔トマス・クーンにはじまるパラダイム論への示唆〕。そしてパルテノン神殿〔古代ギリシアの女神アテナ・パルテノスをまつる神殿でアテネのアクロポリスの丘に建つ〕やケルズの書〔九世紀初めに成ったラテン語の彩飾福音書〕に示された判断は、引力の法則に含まれた判断にくらべ、変えようと思えばそうしやすいものだったかと言えば、そのようなことはまずない。[27] 私は藝術における正しさが科学における真理より主観性の程度が低いと主張するつもりはないし、双方の主観的でない程度は同じであると主張するつもりさえない。私が示唆しているのは単に、藝術的判断と科学的判断との境界線は主観的と客観的の境界線には合致しないこと、何か有意義なものについて普遍的一致を目指すやり方は異例だということ、こうしたことなのである。

とはいえ、もし本書の読者が、ここに至るいくぶん曲りくねった、そして二重の意味でトライングな、つまり「骨が折れる」と同時に「腹立たしい」思考の道筋に全員一致で賛同してくださるなら、右に示唆した二つ目の確信を弱めることができるだろう。

(1) いやしくも正しさを取り扱うなら、当然、道徳的正しさの適用にかんする考察に着手しなくてはならないかもしれない。しかし私は喜んでこの件を他の人たちにゆだねたい。もっとも、次の一点は熟慮して欲しいものだ。少なくとも当面する文脈では、正しさが相対的でたがいに対立する正しいレンダリングを許容しうるからといって、正しさを誤りから区別する厳密な標準が排除されるものでは決してないのである。

(2) 私の言うのは、言明が所与の現実世界のみを考慮に入れる限りで真である場合、それはこの世界において(あるいはに、にとって)真である、ということである。「について真」(true of)や「にかんして真」(true about)といったさまざまな言い回しについてはジョセフ・ウリアンとの共同論文、"Truth About Jones," *Journal of Philosophy*, Vol. 74 (1977), pp. 317-338を見よ。

(3) 多種多様なタイプの多義性についてはIsrael Scheffler, "Ambiguity: An Inscriptional Approach" in *Logic and Art*, Runder and Scheffler, eds. (Indianapolis, 1972), pp. 251-272および近く刊行されるシェフラーの著作〔*Beyond the Letter*, Routledge & Kegan Paul, 1979〕も見よ。

（4） 私はここで地球はなにか絶対的な意味で静止しているのか、それとも特定の仕方で運動しているのかという問いをめぐる論争にはかかわりあわない。(1)と(2)のどちらも真でないと、あるいはどちらかひとつだけが真だと主張する読者は、自分で例を取り替えてみるとよい。たとえば、「地球は時計回りに回転する」と「地球は時計と逆回りに回転する」とは観点が異なればどちらも真である、ということにおそらく彼は同意するだろう。

（5） 私はここで、地球の公転のような他の運動をすべて無視して、話をわざとさしさわりがないかぎり過度に単純化している。

（6） 「太陽との相対的関係で」のような句を「太陽を恒星とみなして」といった句に置き換えたい誘惑にかられるかもしれない。しかし、これは何を意味するのか。おそらく「太陽を一枚の紙の上の固定点によって代表して」といった内容だろう。しかし、それは「太陽をこの紙との相対的関係で固定したある点によって代表して」を言うにすぎない。こうしてもとの問題が蒸し返される。

（7） しばらくの間、私は観察者に対する相対性あるいは対象間の距離の枠組に対する相対性を故意に無視する。しかし第二節を見よ。

（8） *The Philosophy of Rudolph Carnap*, Schlipp, ed. (La Salle, 1963), pp. 385–406; 915–922におけるカルナップとクワインの論争を見よ。

（9） Cf. SA: I. 当面する文脈で私は、「からできている」、「の組み合わせ」、「含む」のような非公式な用語を、個体にかんする用語法ともクラスにかんする用語法とも決めずに使っている。

もちろん、(14)と(15)以外にもこれら双方に対立する無数の選択肢がある。たとえば点は、向かい合った対角線から、あるいはその他の交点を共有する二本またはそれ以上の直線からできていると解することができるし、領域に基づいてさまざまな仕方で解釈することもできる。

(10) 付言すれば、(14)とそれに対立する言明、すなわち点はそれに向かい合った対角線からできているという言明(これを(14′)と呼ぼう)はともに、あらゆる直線とそのあらゆる組み合わせから成る領域において真ではありえない。(14)、(14′)の各領域は、別の仕方で限定されなければならない。たとえば(14)の領域は境界線に平行な直線に、また(14′)は対角線に限定される、というふうに。ちなみにここでの「領域」は *LA*, p. 72 であたえられた特殊な専門的意味では使われていない。

(11) この段やすぐ後の段でもそうなのだが、議論に取りあげた見解を要約したり、戯画化したり、横柄にも棄却したりするつもりはまったくない。ただ関連する問題や可能性のいくつかを思い起こさせることだけが意図されている。

(12) 信憑性は確信と同一ではないが、ここでは確信によって説明されるものとみなされている。たしかに高度に確証されているのにわれわれに確信がもてない言明がありうるし、きちんとした確証がない言明でも、頑固にそれを確信することがある。しかし、確証と蓋然性は信念を成文化する――そしてその標準を打ち立てる――ための努力の結果なのだ。詳しくは "Sense and Certainty," *PP*, pp. 60–68 また *FFF*, pp. 62–65 も見よ。

（13） マイケル・ダメット〔イギリスの哲学者。一九二五―〕は、ハーヴァード大学のウィリアム・ジェームズ講義（一九七六）で、私はこれを伝聞でしか知らないのだが、いくぶん似た観点を取っていたらしい。C・S・パースの "Fixation of Belief" in *Collected Papers of Charles Sanders Peirce* (Cambridge, Mass., 1931-1958), Vol. V, pp. 223-247〔邦訳、前出第一章原注（24）を参照〕とも比較せよ。ちなみに、イズリアル・シェフラーが *Four Pragmatics* (London, 1974), pp. 60-75 において、その論文についておこなった議論を見よ。

（14） *PP*, pp. 60-68 を見よ。

（15） この節で論じられたこの件および他の問題について、詳しくは、*FFF*: III および IV を見よ。ちなみに、この箇所で妥当性は推論規則への合致と同一視されているが、ときには（私自身の著作においてさえそうであるが）むしろ全面的正しさと同一視されることがある。しかし、これにはこうした合致以外に他の要件の充足が必要である。

（16） 仮設を事例にあてはめて得られた単称言明は、検査して真であることが確定する場合に肯定的事例となり、偽だと確定する場合は、否定的事例となる。

（17） *FFF*, p. 97 を見よ。また、"On Kahane's Confusion," *Journal of Philosophy*, Vol. 69 (1972), pp. 83-84 そしてクーチュラの論文に対する私のコメント、*Erkenntnis*, Vol. 12 (1978), pp. 282-284 も見よ。

（18） たとえば、E. H. Gombrich, *Art and Illusion* (New York, 1960)〔邦訳は第一章原注（6）参照〕の幾多の節、また *LA*: I でそうされた。

(19) 私の覚え書き"On J. J. Gibson's New Perspective," *Leonard*, Vol. 4 (1971), pp. 359-360〔N. Goodman, *Of Mind and Other Matters*, Cambridge, Massachusetts, and London, 1984, I, 3〕を見よ。

(20) 前の部分を読んだ人には十分気づかれる点だろうが、このことは、記述され代表されるのを待ちかまえている何か既成の世界が存在するとか、正しいヴァージョンと並んで間違ったヴァージョンもそれらが適合する世界を制作するとか、こうしたことを意味しない。さらに本章七節を見よ。

(21)「属性」は慣例として「述語」とごく密接に結びついているので、私は、すべてのラベルが必ずしも言葉によるものではないことを思い出させるよすがになるように期待して、しばしば「特徴」という用語を使うのである。

(22) 例示された縞柄を特定するには、非常に多様なやり方があるだろう。たとえば、縞である、ピンストライプの柄である、青と白の四分の一インチ幅のピンストライプの柄である、等といった具合である。だから外延指示のように例示も多少とも一般性を有する。しかし、述語の一般性が適用範囲の問題であるのにひきかえ、見本の一般性は例示された特徴の範囲の問題である。

(23) 移行に必要な条件は、さまざまな事例で必要に応じて変わるだろう。種子の見本では総数のような特徴ではなく、さまざまな型の種子の比率が選ばれねばならない。洋服生地の見本では、その布切れを数多くふつうのやり方で並列することによって当該の縞柄が構成されるだろう。

(24) 稠密な記号系と対比される、分節記号系、または有限な差異を有する記号系については*LA*: IV を見よ。

(25) *Art and Illusion*, p. 33 やその他の箇所。

(26) ここで使われた「判断」は、もっぱら言明とだけ結びつける用法から解放されなければならない。判断には、たとえばデザインの適合《うつり》の把握や、玉突きの選手が突きを狙ってする決心も含まれる。

(27) 奇妙なことに、このような観察は、ときおり次の見解の証明として挙げられることがある。つまり、科学は進歩するが藝術は進歩しない、だから、科学的真理の判断は藝術的正しさの判断よりも客観的である、というのである。以前の理論が後代の理論によって時代遅れになるのに古い作品は時代遅れにならない理由は、私の思うに、以前の理論はそれが正しいかぎり後代の理論に吸収され、それから導出しうるのに、藝術作品は記号として機能する仕方が違うので、他の作品に吸収されないし、それから導出できないという点である。私はここでこの説明の細部に立ち入ることはできない。

用語解説（五十音順）

本書に登場した用語のうち、耳慣れないにもかかわらず、著者による説明がまったく無いか、無いにひとしいもの、用語そのものはありきたりであるが、著者により特別な意味で使われているものを、使用頻度の多少にかかわらず、最小限選んで解説する。本書通読にいくらかでも役立つことを心がけた。厳密な定義や説明の掘下げを狙ったものではない。（訳者）

異書体をいれる　allographic

自書体のみではない記号システムを「異書体をいれる」と呼ぶ。たとえば、ある交響曲の同一性を定めるのは総譜というかたちの表記法（notation）である。この総譜を精確に写しとった別の総譜もまた問題の交響曲を同定する。表記法をそなえる記号系はすべて異書体をいれる。写しがありうるのは、この種の記号系にかぎられる。また、表記法

は、作品の上演、演奏、朗読を可能にする。↓自書体のみの、写し

写し　replica

ある表記法（notation）はさまざまなしるしの集合であり、しるしはさまざまに複合されて記号作品――詩、曲、ダンスなど――を作る。使用され生起したかぎりでのしるしを写しという。あるいは、そうしたしるしはたがいに写しであるという。写しはパースのいう記号の型代（トークン）におおよそ相当する。記号がたがいに写しであるには、それらが類似する必要はなく、同じ綴りをもちさえすればよい。もともと綴りを欠く絵には写しがない。↓綴り

外延指示　denotation

記号が記号の外部へ差し向けられること、その働き。記述、描写、代表はいずれもこの働きに属する。差し向けられた先に何もないこともあるし（例、一角獣の絵）、あるかどうか決められないこともある。表出や例示は狭い意味の外延指示には含めないが、差し向けの方向の点でこの概念を手直しすることによって、それらまで広義の外延指示に含めることができる。すなわち、例示や表出は記号から記号自身に向かう「外延」指示

である。外延指示とその他の指示（例示など）を指示（reference）と総称する。↓記述、描写、代表、例示、表出

外延主義　extensionalism

記号にかんして、意味（または概念、思考、観念など）ではなく、その外延だけを考慮にいれるアプローチ。逆に、記号の働きにかんして、その意味（あるいはその他の内包的存在者）に重きを置く立場を内包主義という。

外延的同型　extensional isomorphism

定義の正確さを保証する基準。定義項と被定義項の「意味の同一」（ムア）は強すぎるが、両者の「外延の同一」（カルナップ）でもまだ強すぎる。なぜなら、外延を共有しないが同等に正しい複数の代替可能な定義があるからだ。定義の基準としては、定義項と被定義項とが同じ外延構造をもつことで十分である。数学的な意味合いにおける「同型」が対称性をもつのに、これはそれをもたない関係である。被定義領域の外延構造は定義領域の構造と同じであるが、この逆は成り立たない。直観的な数の表象よりその厳密な数論的定義のほうが複雑で抽象的であるように、定義領域は被定義領域より複雑な

構造をもつ場合がある。↓外延主義

感じ　feeling

「感情」という訳語をあてた場合もある。情動、抽象観念等とならんで作品が表出するもの。たとえば、ある絵はこれこれの悲哀を表出し、この曲は生活のけだるさを表出する。ただし、藝術の機能を情動の喚起やカタルシスにあると見る説はあやまりである。感じは知と単純に対立しない。美的経験では、感じは認知的に働く。感じもまた世界の把握の様式である。↓表出

記述　description

外延指示のひとつの形態。固有名詞、名詞句（論理学でいう確定・不確定記述）から連文節にいたる長短さまざまなあらゆる述語の働きをいう。一般に、述語は対象や事態に貼られるラベルであり、記述することはラベルを貼ることにほかならない。換言すれば、記述は分類である。記述されるものと記述する記号とが類似する必要はない。記述する記号の特徴は、描写の場合のように記号図式が稠密ではなく、分節をそなえる点である。↓外延指示、ラベル、描写、稠密、分節をそなえた

具象体　concretum, -ta

経験されるものをその最小の具体的な部分に分割して得られた理論的存在者。実詞（実体をあらわす名詞）を使って名付けることができる。グッドマンの体系では、これはさらに知覚可能な原子としての質（qualia）に分割される。たとえば、知覚される微視的な対象は具象体であり、それがもつ色、時空の規定性などは質に相当する。質が原子だとすると具象体は分子に相当する。具体的な個体（たとえば目の前のテーブル）は具象体から構成されている。

自書体のみの　autographic

ある記号系が自書体のみであるとは、オリジナルな記号系とその贋物の区別に意味がある、ということである。こうした特質をもつ記号系のもっとも精確で寸分たがわぬ複製でさえ、つねに贋作にすぎない。たとえば、油絵、塑像等の作品。この種の作品が本物かどうかは、作家が事実それを制作したかどうかという史実にかかっている。↓異書体をいれる

書記体　inscription
この語は二義的である。第一に、それはある表記法に含まれたあらゆるしるしのうち、形成規則にかなった整型な（well-formed）記号列をいう。この場合、書記体の媒体は視覚的と聴覚的とを問わない。発話された文、黒板に書かれた数学の定理などはいずれも書記体の例。おおむねパースの分類でいう記号の型代《かたしろ》（トークン）に相当する。第二に狭義では、右の意味での書記体のうち、特に視覚的な媒体をともなうものをいう。例、ふつうの意味で書かれた文や印刷された数式。訳語は第二の意味を念頭に選ばれた。

代表　representation
記述や描写とならぶ外延指示の一種。記号系が代表をおこなうには、それが稠密であることを要する。ふつうの写実的な絵は代表すると同時に描写もおこなう。「描く」とは言いがたいダイヤグラム（配線図、グラフなど）でも必ず何かを「代表する」。代表する記号が代表されるものに類似する必要はないし、また代表は光の反射のような物理的プロセスでもない。この語は文脈により「再現」「具象」などとも訳される（例：再現藝術、具象絵画）が、こうした訳語はしばしばミスリーディングであり警戒が肝心である。ときに「指示」と同義。　→外延指示、稠密、描写

単一記号系　singular symbol system
写しがなく、記号制作の生産物がたかだかひとつしかない記号システム。自書体のみの記号系の多く（たとえば油絵、塑像など）はこれに含まれる。しかし同じ絵画・彫刻でも版画、鋳像などはこれに含まれない。逆に、あらゆる単一記号系は自書体のみの記号システムである。もちろん異書体をいれる記号系はすべて単一記号系ではない。↓複数記号系、自書体のみの、異書体をいれる

稠密　density、**稠密な**　dense
ある記号系から任意に二つの記号要素をとりだすとき、つねにその間に第三の要素を挟むことができる場合、この記号系は構文論的に稠密であるという。もしそのうえ、三つの要素に記号外部の三つのものが対応するなら、このシステムは意味論的にも稠密である。このような記号系は分節を欠くという。たとえば絵画やアルコール温度計は稠密な記号である。稠密ならばそのシステムはアナログであるが、逆は成り立たない。身長一七〇センチ以上・以下という尺度で社員を二分する記号表現（たとえば名簿）は、稠密ではないがアナログである。↓分節をそなえた

綴り　spelling

記号系を構成要素の特徴から分類する場合、綴りをそなえるものとそなえないものとに大別される。もし記号系が次の二条件をみたすなら、それは綴りをもつという。⑴この系の要素記号が素であること。換言すれば、任意のしるしがある要素記号の写しである場合、それは他のいかなる要素記号の写しでもないこと。⑵要素記号は有限の差異性でもって定義されること。換言すれば、ある写しが与えられた場合、それを唯一の要素記号へ指定できるということ。たとえば、楽譜、文学テキスト、建築設計図は綴りをもち、絵画、彫刻作品などはもたない。前者のグループに属する作品の同一性は綴りの同一性に基づくのであって、同一に綴られた作品はたがいに同等である。　→異書体をいれる

投射　projection、**投射可能な**　projectible

既知の事実や証拠から未知の事例へ適切な仕方で移ること、またその可能性。人が帰納をおこない、予測を立て、法則を定めるのはすべて投射に基づく。また種の編成や事象のカテゴリー把握も投射を土台にしておこなわれる。グッドマンはある仮設を裏書する事例のセットが別の仮設を同等に裏書することを示した。エメラルドのうち、今日まで

のところミドリ色をしているもの、あるいは明日以降アオ色であることが判明するものを、一口に「ミドオ色」と呼ぶことにしよう。今日までに知りえたすべての証拠が「あらゆるエメラルドはミドオ色である」という全称命題を裏づけるなら、それらは同時に「あらゆるエメラルドはミドリ色である」という命題を裏づける。したがって、あるエメラルドはアオ色である（グッドマンのパラドックス）。このように、帰納は正当化されない。にもかかわらず、正しい帰納と悪しきそれとを人は区別できる。仮設や述語には投射可能なものとそうでないものがある。→（習慣の）守り

二次的外延　secondary extension
たとえば二つの名辞「龍」と「鵬凰」については、⑴外延をもたない、つまり同じ空の外延をもつ、⑵意味が異なる、⑶同じ他の名辞と組み合わせて作った複合名辞（例、「龍の絵」と「鵬凰の絵」）が別々の外延をもつ、この三点が観察される。「概念」「思考」「意味」といった内包的存在者を導入せず、名辞とそれが適用される外延だけでこれらを説明するには、問題の名辞の外延を「一次的外延」として、それを一部含む複合名辞の外延を「二次的外延」として区別する必要がある。いまや名辞の同義性はこう定義される。二つの名辞はそれらが同一の一次的、および二次的外延をもつ場合にかぎり、

同じ意味をもつ、と。例にあげた名辞は⑴同じ一次的外延をもつが、⑶異なる二次的外延をもつので、⑵意味が異なるのである。

描写 depiction

具象的な絵画や素描などがおこなう一種の外延指示。いわゆるダイヤグラム（化学物質の構造式、地図、グラフなど）は絵画ではないので、それが「描く（描写する）」とは言いにくい場合もままあるが、両者の指示の働きに本質的は差はない。この用語が「代表」と特に区別されずに使われる文脈もある。→外延指示、代表

表出 expression

ティントレット描くところのゴルゴタの丘の黄色い空は、苦悩を表出する（サルトル）。ある記号がある特性を表出するとは、⑴記号がこの特性を所有し、かつ特性の名により外延指示され、⑵この所有と指示が比喩的になされることである。所有されるものは、感じや抽象観念である。要するに、表出は比喩的な例示にほかならない。ティントレットの絵は現実に、しかし字義的にではなく、苦悩しているのだ。表出と例示の差は事実の問題であり、その都度決められるほかはない。→例示、感じ

複数記号系　multiple symbol system

写しがあるかないかにかかわらず、記号制作の生産物が二つ以上ある記号システム。異書体をいれるすべての記号系は複数記号系である。例、文学テキスト、ある種の建築など。自書体のみの記号システムには複数の記号生産物をともないうるものがある。例、版画、写真。→単一記号系、自書体のみの、異書体をいれる

分節をそなえた　articulate

記号系を形づくる記号要素が稠密ではなく、非連続的構成をとること（こうした記号システムを「分節記号系」という）。言い換えれば、記号システムのあらゆる二つの要素k、k′とこの他の要素mに対して、mがkに属さないか、mがk′に属さないか、このどちらかが可能であることをいう。デジタルな記号は分節をそなえる。→稠密

（習慣の）守り　entrenchment

「帰納の正当化」なる不可能な観念にかえてグッドマンの提唱する概念。ある仮設を裏付ける一群の証拠は、別の仮設の裏付けともなりうるから（グッドマンのパラドック

ス)、証拠の有無では仮設の正否を決定できない。仮設にれっきとした差をつけるのは、むしろ習慣の守りである。たとえば、述語「ミドリ色」のほうが「ミドオ色」より投射可能性でまさる。というのは、過去において実際に前者が投射された経緯が、つまりそうした投射の習慣があるからだ。投射とは述語や仮設の使用の問題であるから、ここでいう習慣とは言語の習慣である。しかし、いかに劣等であれ、守りのない投射が守られた投射の代わりに実現したかもしれないという可能性はつねに残る。習慣はときとして革新されるのである。↓投射

ラベル　label

対象や事態の分類に用いられる記号をラベルという。名、記述、絵、身振りなどはラベルである。ラベルそのものにもラベルを貼ることができる。たとえば、テーブルのラベルは「テーブル」、後者のラベルは「テーブルをいう名辞」ないし「テーブル的名辞」であり、以下同様である。ラベル貼り付けは、貼り付けられるものの存在を含意しない。ラベルはそれだけで存在できる。一角獣の絵はラベルとして「一角獣的絵」にすぎない。ここには、一角獣〈の〉絵といった、一角獣への差し向けはともなっていないのである。また、例示されるものはすべてラベルである。換言すれば、例示はラベルと見本との関

係である。 ↓例示、記述

例示 exemplification

記号の指示の一様態。例示とはある特性を所有すると同時にこれを指示することである。たとえば、赤インクで記された「赤い」という述語や生地見本の小切れは、赤い色や模様や風合いを例示する。すべての例示が表出ではないが、すべての表出は例示である。例示を表出から区別するのは、所有と指示が後者では比喩的でしかないという点である。ある特性を例示することは、つきつめると、特性の名称と外延の等しい（任意の）ラベルを例示することにほかならない。すなわち、例示はラベルと見本の関係である。↓表出、ラベル

訳者解説――ヴァージョンの狩人のために――

1

グッドマンとはいったい誰なのだろうか。本書の読者はきっとこう訊ねるにちがいない。現代数学と記号論理学にあかるく、この分野での精細な分析に驚くべき手腕を発揮するかとおもえば、帰納法、科学法則といった、科学哲学の基礎中の基礎ともいうべき諸問題にかんして、かつて誰ひとり考えてもみなかった洞察を、あたりまえの仕事をあたりまえにこなす職人さながらの確かさで施しもする（こうしてグッドマンにかかると、百も承知だったはずのものごとがまったく別の顔つきを示していたことが分かるのだ）。彼はこのような「分析哲学者」なのではないだろうか。

だが彼をそう呼んですませることはできない。彼の仕事ぶりを目のあたりにした者は、そんな呼び名がものの役にも立たないことを知っている。言葉のこまかな詮索にあけくれする、細心ではあるが血のかよった思索には乏しい、どちらかというと重要でも深くもない人物。もしこれがその名に結びついた世評なら、彼は「分析哲学者」ではない。科学に向けた考察とまったく同じ比重で、グッドマンは生活世界を、知覚を、そして藝術を考察する。これまた世評では、こうした分野は科学哲学と敵対する現象学や解釈学の得手とする方面であったはずなのに（いまでは両者のめでたい協調の例もそこここに認められる。だが、たがいはたがいを心のどこかでうとんじてはいないだろうか）。

著者はこの本で、真理や認識の正しさ、帰納や演繹について語っている。同時にここには、世界や実在についての正面きった議論もある。その点で本書は、認識論から存在論におよぶまことに正統的な哲学書の骨格をそなえている。けれども、〈様式《スタイル》〉を入念に考察したり〈藝術〉が成立するための条件を緻密に追っている章だけを見た読者は、さだめしこれを美学の本だと思うだろう。さらに、種の編成やカテゴリー把握が習慣と実践の深みに根を下ろしているとの指摘に、もしかすると読者は、まだあからさまに語られていない倫理学をかいまみるかもしれない。

だが、驚いていいのは、彼の思索の単なる広さではない。広範囲を探索しつづけるグッドマン哲学の関心が、ばらばらの源泉にではなくて、同一の、眩しいほどの光源に発しているることこそ、真の驚異であるはずだ。どこまでも伸びてゆく思考の力線の、したたかな求心性といったらよいか。彼は藝術を、科学を論じるときと同じ原理、同じ視角、同じ問題区分にそくして論じる。グッドマンが画家を妻とし――ちなみに本書は彼女に捧げられている――、ボストンでみずから画廊を経営したことさえある大の藝術愛好家であることを、その哲学にこじつけないほうがいい。もちろんそうした事実は、哲学が生の表現であるその分だけ、グッドマンの生の表現にはちがいない。だがたとえこうした事実がなかったとしても、彼の哲学に示された希有のコウヒレンスは、思想の森で道を見失いがちな現代人にとり、すでに希望や示唆、はたまた謎や幻影ではないだろうか。

グッドマン哲学の輪郭をいくらかでも明らかにすることは、彼の著作を訳した者のつとめだろう。なんといっても、グッドマンは、一部の専攻学徒をのぞけば、我が国の読書界にはまだ名を知られることの少ない人物だからである。もちろんここでグッドマン哲学の検討を企てるつもりはないし、それは場違いなことだ。この本を読んで関心をそそられた読者のためには、この解説末尾に簡単ながらグッドマンへの文献案内を用意しているので利用していただきたい。ここではあくまでも、グッドマン哲学の基本的な特徴を明らかにすることだけに、論及をとどめよう。

2

グッドマンとはいったい誰なのか。この問いに対しては、彼は論理実証主義の後継者だといえば、とりあえずのかなり正確な答にはなるだろう。

一九二〇年代から一九三〇年代にかけて、とくにウィーンを中心に、数学基礎論における形式主義の手法や記号論理学を自覚的に哲学の畑にとりこんで、論理実証主義と呼ばれる学派がかたちづくられ、盛んな活動をみせた。これはたいていの現代哲学史や概説書で述べられるのが通例である事実——述べられると早々に忘れてしまう事実——なので、ご存じの読者は多いだろう。念のために述べれば、主張の概略はつぎのようなものであった。

従来の経験主義哲学が、「経験」の名のもとに、経験を超えた実在にかかわる形而上学の主張を偽であると断定するのとは異なり、論理実証主義者はそうした主張が真偽をいう資格のないノンセンスにすぎないという。このとき採用された「論理」実証主義固有の方法が、言語の論理分析である。ある哲学的主張の検討、その内容の検証は、言語表現としての主張の形式の観察におきかえられる。命題の素性が分類され、素性におうじたそれぞれの真理が割り当てられる。すなわち、文の構文論的構造だけでその真であることがあきらかなもの（トートロジー）、反対に偽であることがあきらかなもの（矛盾）、このどちらでもない命題。最後のものはさらに、その真偽を検証する手段が原理的に存在するもの（総合命題）とそれ以外のもの（いわば半命題ないし擬似命題）に分かれる。命題の分類におうじて学問の編成がおこなわれる。トートロジーや矛盾にかかわる学問が数学と論理学であり、総合命題はもっぱら経験科学が取り扱う。ちなみに、最後の半命題には認識の価値がない。形而上学とはこうした半命題を弄ぶエセ学問をいうのである。

こまかい詮索はおくとして、問題はこうした論理分析の理念が哲学に何を取っておいてくれるかという点だ。哲学の仕事とは何か。論理実証主義者は、この問いにこう答える。もし認識が命題という財をふやすことであるなら、命題を探求する任務が哲学のものではない以上、哲学は認識をあきらめるべきだ。そのかわりに、表現の論理形式を分析したり、科学言語の形式化を企てたり、そのようにして言語を明晰化する仕事に哲学は邁進すべきである、と。

グッドマンはみずから論理実証主義者の家系を名乗り、研究者も彼を嫡出のこども、あるいは弟とみなしている（この自己確認は、現象学や実存主義などはしばらくおくとして、他の哲学の潮流、たとえば新実在論、日常言語派などとの対比で理解すべきであろう）。もちろん論理実証主義とひとくちに言っても、個人によって傾向の違いや意見の差がつきまとう。グッドマン哲学の展開、彼のいう「狩り」をたどるうえで大事なのは、上述の哲学の本質論、その学問としての性格づけにほかならない。とくに留意すべきは、シュリック（M. Schlick）とともにウィーン学団の指導者として活躍し、後にナチを逃れてアメリカへ亡命して終生そこで教えたカルナップ（R. Carnap）の見解、具体的には、「論理的構文論」の思想がわれわれの哲学者にあたえた影響である。その影響はグッドマン哲学のどんな特徴として生かされているのだろうか。

3

論理的構文論には、論理実証主義（世に「論理的原子論」として解された初期ウィトゲンシュタイン（L. Wittgenstein）の思想が代表する）から一歩踏みだした思想があらわされている。どこがポイントか、かいつまんで述べれば、つぎのようになるだろう。

もはや「正しい唯一の論理構造」という考え方はとられない。論理的構文論はいさぎよく科学言語の論理的複数性をみとめる。そのうえで、当該理論の論理構造を明確にする必要を説くのである。これは具体的には数学者のいう「形式化」を理論に施すことを意味する。まず、一義的な用法をもつ記号の列によってあらわされた公理系がととのえられる。この理論の論理構造は、この理論に属する文を文ではない記号列から有限回のチェックで判別する「形成規則」と、文のある集合からあたらしい文を導くための、記号配列の変形を統制する「変形規則」とのセットであらわされる。

こうした処置の利点のひとつに、当の理論に無縁な文はあらかじめ排除され、そうした文の真偽問題に悩む余地などはおのずから無くなる、ということがある。しかし、いっそう重要なのは、哲学が理論の論理的構文論をつくる活動にほかならないとする思想だろう。この場合、考察対象である理論の言語（対象言語）とこの理論にかんする考察をあらわすメタ言語とが明確に区別されなくてはならない。哲学は経験科学のように言語のそとの世界について知識をあたえないし、数学のようにトートロジーの体系でもないが（ウィトゲンシュタインの『論理哲学論考』の主張には反して）理論にかんするメタ理論として十分有意義なのである。

カルナップの弟子として、グッドマンは、哲学を体系以前の領域を形式的な体系へ構成しなおす活動とみなす。科学が未知の探求であるのに対して、哲学のまなざしはいつも既知へ注がれる。哲学者は事象を見るために顕微鏡やレーダーを必要としない。多くの人がつねに見ていながら実は見抜いてはいないものを、すこし首をかしげ言語と記号の圏をすかして明確に見えるようにするだけだ（同じ趣旨で、メルロ＝ポンティ（M. Merleau-Ponty）は存在の現象学的な「減圧」を語ったことがある）。哲学とは、こうした構成のいとなみのことにすぎない。基礎を探り当て、その上に世界を構築しようとして失敗したデカルト主義者や経験論者は、造物主ならぬ哲学者がすでに大洋へと船出していること、この事実性は回収不可能であることを忘れていた（ノイラート（O. Neurath）の船の比喩）。自然言語の理解というかたちで彼がすでに知っていることへ、哲学者はどこか人工臭のする形式化、いわば非現実化機能を行使する。うまくゆけばそこに、既知の事象のまったく新しい顔が発見されるはずだ。このようにしてわれわれは、知っていた事柄をあらためて知ることになるのである。

ただし読者がもし本書に構成主義の直接的具体化を、いいかえれば、多少なりとも完備した体系の記述を求めたとしたら、のぞみは果たされないだろう。体系の詳細については、グッドマンが初期に著した比較的大部の著作『現象の構造』を参照しなくてはならない。とはいえ構成主義は、さまざまな問題へ切り込むさいの手法や精神として、本書の随所に歴然と認められるだろう。

4

構成主義とならんでわれわれの哲学者がカルナップからひきついだ遺産に、「体系の複数性」の理念がある。カルナップは当初の実証主義者のかたくなな態度をひっこめた。論理的構文論は、理論言語が複数ありうること、したがって「形而上学的」命題をそうでない命題から絶対的に判別することは不可能なこと、理論の論理構造はあらかじめ決定できないのであって、その都度の便宜や目的に応じて決められるべきこと（「寛容の原理」）などの思想をともなう。これを無責任な相対主義と見るのはあやまりだろう。むしろそれは従来「形而上学」というレッテルをただ貼るだけですませていた主題と向き合い、必要ならそれを論理分析にとりこむ可能性をはじめて確立したのである。

ある意味で、グッドマンはカルナップ本人よりカルナップ主義者だ。論理実証主義者の分析はほとんど科学言語へ集中され、他の領域へのその適用は乏しかったりおざなりだったりの観がある。これに対して、グッドマンの構成的方法は、知覚や藝術、そしてさまざまな実践の形態に、科学理論におとらぬ言語や記号のいとなみを発見して、それらの論理構造の探求を目指すのである。たとえば一枚の絵は、さまざまな色や形が何かを描写し、表出し、例示するかぎり、テクストだといっていい。こうして、テクストのいとなみを探求するメタ絵画的な考察、いわば絵画の論理的構文論が構想される。しかも彼は、綱領だけを声高に述べあとは手をこまねいている哲学者ではない。絵画ばかりか、音楽、ダンス、文学、建築など、あらゆる「藝術の言語」の解明を企てた彼は、知的挑発にあふれる一冊を藝術に捧げている（そのものずばりのタイトルをもつ『藝術の言語』を参照）。本書で著者がおこなった藝術の多角的な考察はこの企ての継続であり、いっそうの具体化にほかならない。さらにその後も、彼は一貫して同じ企てに身をゆだねつづけるだろう（『精神とその他のことがらについて』参照）。

この展開の意義を測るうえで、グッドマンと日常言語派との差を考慮にいれたほうがい い。もちろん論理実証主義者の数々のあやまち——たとえば、基礎づけ、理想言語、唯一の論理構造といった理念——への反省を、グッドマンは日常言語派と共有する。しかしもし後者が、あらゆる哲学的問題は日常言語の用法を基準に解決できると言うなら、そのとき双方の主張は真正面からぶつかりあうだろう。科学言語が絶対の正しさを要求できないのと裏腹に、日常言語にも手直しを拒む絶対性はともなわない。いかなる特権的言語も存在しないのだ。あるのはただ哲学の活動、言語さらには記号系に対する形式化する思考にすぎない。グッドマンの構成主義が日常言語を重要視するのは、それが規範的言語であるとか、治療的な機能をもつとか、意味の淵源であるとかの理由からではない。日常言語に対する彼の敬意には、しかし、はっきりした理由がある。第一に、日常言語は体系化以前の領域であるかぎり、形式化する思考と手をたずさえて事業にあたる正規の共同事業主だからである。形式化する思考のともなわない日常言語は盲目であるが、日常言語を欠いた思考は空虚なのだ。そして第二に、記号システムの観点からするなら、日常言語は科学理論にくらべてなんら遜色のない、さまざまな生の表現のひとつだからだ。グッドマンはあくまでも「記号論的平等主義」を堅持するのである。

5

生のほとんどの部面は記号機能によって織られた生地からできている。この洞察から出発して、哲学の任務を各種の記号系の解明にみいだす立場を、かりに「記号主義」とよぼう。上述からあきらかなように、グッドマン哲学こそは明瞭な方法論的自覚のもとに記号主義の体系化を目指す希有の例である。ところで、グッドマンは特異な唯名論者として知られている（本書『世界制作の方法』でも唯名論にさりげなくふれられている事実は読者のごらんのとおりである）。ではこの場合、記号主義と唯名論とはどのように手を結び合うのだろうか。

伝統的に、唯名論は個体だけが存在するという主張であるとか、抽象的な存在者を否定する立場だとか称されてきた。しかし、すこし考えればわかるように、抽象的／具体的という区別ほど曖昧なものはないし、個体とは何か――現象か、感覚与件か、事物そのものか、など――も容易には決着のつかない難問である。

グッドマンの見地は、こうした難問をたくみに回避しながら、しかも唯名論を厳密に定義できる長所をもつ。彼によれば、唯名論とは何物でも個体として受け入れるが、何物をも集合とは見なさない学説、つまり、集合を個体と見なすことを拒否する主張である。たとえばごく常識的に、レンガ造りの家はレンガの壁から成り、壁は個々のレンガから成っている、とわれわれは言う。ところで、集合を存在者に数える実念論者は、ここに三つの別々の存在者、レンガ、レンガの集合としての壁、壁の集合としての家、すなわちレンガの集合の集合としての家を認めるのだ（ちなみに実念論者は、このやり方を続けてすきなだけ存在者を殖やすことができる）。これにひきかえ、唯名論者の眼には、その場にただひとつの同じ個体しか見えない。というのも彼にとり、どんな存在者も、いやしくも同じ要素へ分割されるならたがいに同一だからである。* 唯名論とは、グッドマンが額に汗しながら世界を構築するのに使用するクレーン、体系を構成する論理的装置にほかならない。それを形式化してとりだせば、いわゆる「個体計算」になる。

＊ 詳しくは、N. Goodman, *The Structure of Appearance*, Harvard University, 1951; Third Edition, Dordrecht and Boston: Reidel, 1977; N. Goodman, 'A World of Individuals' in Copi, I. M. and J. A. Gould (eds.), *Contemporary Readings in Logical Theory*, New York: Macmillan, 1967.

ここでふたたび、グッドマンがその哲学的兄から学んだ別の教えを思いおこそう。カルナップはその著『世界の論理的構造』で、基礎的な所与についての言明に使用される基礎的概念からその他の概念をすべて構築することを企てた。だが、何を真に基礎的な所与として選択すべきなのかという難問に逢着して、彼はとどのつまり企てを放棄する。けれども、言語の複数性をはっきり引き受けることと、あらゆる体系をなにか根源的なものへ還元する「基礎づけ主義」とはもともと別のことだ。グッドマンの唯名論は基礎の選択の問いを無意味にする。個体計算をみずからの論理として採用している体系は、存在論の観点からすべて唯名論に相当するのである。

グッドマンはハーヴァードの同僚クワイン（W. Van Quine）の「存在論的かかわり」の思想を採用してこう述べている。ある言語にとり、しかじかの存在者を個体として扱うということは、それをこの言語の最低階の変項の値として解釈することである。何を個体として選ぶかという、対象的・意味論的な決定には立ち入らずに、ただ構文論的分析だけで、問題の言語における個体にかんし適切な判断をなしうるだろう。たしかに集合にカテゴリカルな名が割り振られることは厳禁されているという点で、グッドマンの体系は非寛容そのものである。しかし、もし体系の構成にとり必要なら、質や関係といった普遍——伝統的な唯名論なら絶対に容認できない要素を、体系中の個体として採用してもかまわないのである。実際、グッドマンは世界の「現象の構造」を記述するにさいして、そうした方針に従っている（『現象の構造』参照）。

こうして、言語の複数性を事実に迫られて認めざるを得なかった兄にかわって、弟は多様な言語を——そのさまざまな意味機能とともに——世界の可能性そのものとして、原理的に、受け入れる。比喩をつかうなら、さまざまな言語の戯れに世界そのものの変幻を見る、と言ったらよいだろうか。

こうして、はじめの設問、唯名論の記号主義にとっての意義は何かという問いに答が与えられる。すなわち唯名論とは、記号主義が放恣に流れることのないように、と同時に、所与や実在の重荷で窒息してしまわないように、記号主義が自己へ課した規律にほかならないのだ。

6

構成主義、体系の複数性、唯名論といった特性を兼ねそなえたグッドマンの記号主義には、もうひとつの際立った特徴が示されている。「反基礎づけ主義」がそれだ。この視角から時代を展望しながら、グッドマンとは誰なのかという先の問いに、あらためてこう答えることもできるだろう。現在われわれが目のあたりにしている、深部から発し広範囲におよぶ知の転回への、彼は荷担者だと。というのも、世界や認識の基礎をいさぎよく棄却することが、この転回の主たるモーメントだからである。

想い起こすなら、近代は「確実性」の理念がさまざまな知の探求を駆り立ててきた時代であった。この動向は、ひとり科学だけの問題ではない。科学の進展と共に歩んできた哲学者たちも、コギトこそ絶対に確実だと信じたデカルト（R. Descartes）以後、哲学史の教科書にいう合理論者、経験論者の違いを問わず、確実性をのろしに認識論を編成してきた。哲学の主要な任務は科学の「基礎づけ」になった。カント（E. Kant）の批判論、十九世紀後半に始まる新カント派、さらにフッサール現象学へと展開する大陸の伝統は明らかにそれを示している。ロック（J. Locke）やヒューム（D. Hume）が認識の源泉として「感覚」へ遡ったのは、それが懐疑論へ反転する危うさをつねに抱えていたとはいえ、確実性の探求とその基礎づけという同じ動向へ合流する。二十世紀においてラッセル（B. Russell）、ルイス（C. I. Lewis）といった人々や論理実証主義者が、あらゆる経験を「感覚与件」に基づけようとしたことは記憶に新しい。このような認識論を最近「基礎づけ主義」（foundationalism）と呼ぶことがおおくなった。明確なレッテルの出現は、当の考え方への反省のあらわれでもある。

現代哲学の展開における最大の見物は、基礎づけ主義の礎石がひとつひとつはずされた挙げ句、その牙城が音を立てて崩れ去ったという出来事だろう。かえりみると、二〇年代にたとえばキャンベル（N. R. Campbell）は、科学理論が役割のまったく違う二つの部門

――真偽を直接に検証できない仮設群、そして仮設を直接観察できるものと対応づける辞書――から構成されているとみなした。類似の見方がカルナップに継承され、観察語／理論語という二分法を生んだことはよく知られている。こうした正統的な教義に対抗して、周知のようにクワインは、基礎づけ主義的基礎の切り崩しにちからのあった一人、いやその最強の推進者であった。分析的／綜合的という真理性の区分、言明を直接的経験をあらわす要素命題の組み合わせに置き換えることができるという還元主義、この二つを、クワインは「経験論のドグマ」として厳しく摘発したのである。

これとは異なる問題の切り方ではあるが、グッドマンもまったく同じ主張を掲げる。体系を構成するための認識論的「所与」なるものは存在しない。概念化を免れた、その意味で「純粋な」知識の層を捜しても無駄だろう。なぜなら、ある知識をどれほど深く穿っても、発見されるのはつねに言語や記号に担われた別の知識にすぎないから。きわめて雑然とした感覚、たとえば白っぽい斑点の感覚さえ、具体的な文脈でそのようなものとして把まれた経験の断片にほかならない。ここには概念作用（あるいはなんらかの記号機能）がすでに発動しているのであり、そうであるかぎり感覚経験といえどもいつでも訂正が可能なのである。意味にかんして言えば、せいぜい互いにある程度類似するという相対的な尺度を語れるだけであって、分析的／綜合的の二項対立は部分的な意義しかもたないのだ。

現代哲学は、こうしてまさに反基礎づけ主義の興隆と歩みをともにしてきたといっても過言ではない。とりわけ、ライプニッツ（G. W. Leibniz）やヒュームが実質的に提示し、カントによって精緻な仕上げを施された、由緒あるこの二分法、分析的／綜合的の対立概念を作り直すことを通じて、現代哲学は自己形成をとげたのである。この二分法には従来多少なりとも自明視されていたさまざまな観念が結びつく。それらの克服を目指したのは、もちろんひとりグッドマンだけではない。たとえば、「所与の神話」はセラーズ（W. Sellars）のたゆまない批判の的となった。また、ハンソン（N. R. Hanson）が指摘した「理論負荷性」が人口に膾炙した事実は、もう誰も理論と観察の単純な対立を信じていないことを意味している。

こうして世界の基礎は二重に破壊される。基礎づけ主義者は感覚を経験の素材とみなす一方、素材を加工するための、それ自体はア・プリオリな形式や概念を、やはりある意味の基礎として認めている。しかしながら、グッドマンをはじめ現代哲学へ参画する多くの哲学者は、純粋な感覚や所与を不純にする一方で、もはや「ア・プリオリ」といった認識論的範疇をも無条件には認めない。出来事や時間とは無縁だとみなされてきたア・プリオリへ、歴史の不透明さが繰り込まれることになったのである（現象学や解釈学の陣営でも、同じような革新がおしすすめられた）。彼らは必ずしも同じ論拠からそうしているのではない。だが、彼らに共通しているのは、一枚岩の現実世界を認めてかかるリアリズムが無力になったという確認である。

7

あらゆる知識がよって立つはずの唯一の基礎は永久に失われた。したがって、さまざまな出発をとげるさまざまな体系が可能になるだろう。グッドマンは率直かつ果敢にこの帰結をうけいれる。しかも彼は単に同じ主題にかんする、同等にただしい、複数の科学理論をみとめるばかりではない。読者は次の点をぜひ想起する必要があるだろう。科学が世界を記述する〈ヴァージョン〉だというなら、生活世界を開示する日常の知覚、さまざまなスタイルで世界を表現する藝術作品もまたヴァージョンにほかならないということ（ちなみに、絵や彫刻などのアイコニックなヴァージョンは、とくに〈ヴィジョン〉と呼ばれる）。こうした見地にはたぶん「多元論」という名がもっとも適切であろう。しかし著者自身が『世界制作の方法』第一章で注意を促しているように、多元論の精確ななかみはややもすれば蒸発してしまいがちである。いくつかポイントを抜きだして、グッドマン的多元論を整理しておきたい。

ヴァージョンの複数性

ある主題は、存在論的かかわりにおいて異なる、たがいに両立しない多くの仕方で、同等に正しく体系化できる。グッドマンはしばしば好んで〈点〉を例としてあげる。日常世界の点は、定義なしの原始概念としても、あるいは交わった一対の直線、または交わった三つの平面によっても、同じようにたくみに表現できる。三通りの仕方でそれぞれ整合的な体系ないしシステムができるかぎり、「どの定義が本当に正しいのか」と問うのは意味がない。点を要素とする体系は二直線の交わりないし三平面の交わりで定義される点をそなえた体系へは翻訳できないし、最低階の変項の値として体系にどんな存在者が許容されるか（存在論的かかわり）は、各体系によりまちまちである。

だが、もし「体系」を云々することが、記号から組み立てられた体系の背後に記号ならざる実在的世界を仮定しているとすれば、それは誤りである。じつは体系の外部に世界はない。あるいは、外部と内部の区別をいつでも絶対的に引けるとはかぎらない。この意味で体系は世界そのもののヴァージョンであり、複数のヴァージョンが数えられれば、世界もそれに呼応して複数存在することになる。こうして二番目のポイントが引き出されるだろう。

非実在論（irrealism）

たとえ複数のヴァージョンがもたらされた場合でも、厳存する唯一の現実世界とヴァージョンとを順次対応させて、その真偽や正否を決定できるはずだと実在論者はいう。しかししばしば指摘されるように、〈対応〉という概念に困難がふくまれることは別としても、ヴァージョンの複数性は、ヴァージョンの実在論的な読みが不可能なことを物語っている。正しさのうえで何ひとつ差を生まない複数のヴァージョンが存在する以上、実在する唯一世界をどこかに固定するわけにはゆかないのだ。いまや世界は多数のヴァージョンの戯れへ解消される。ただし、この非実在論はヴァージョンならなんでもよいとする無統制な知的無政府主義とは無縁であると、グッドマンは強調する。あくまで正しいヴァージョンを求めるべきだとすれば、戯れに投じることはいのちを賭した冒険なのだ。こうして、本書のタイトルにもなった「世界制作」の概念には非実在論という含意がともなっている。ヴァージョンを作りながら、同時にわれわれは文字どおり世界を「作る」。というのは、ヴァージョンを離れたどこかに、完成済みの現実などはないからである。

また、唯一の実在世界を追放した代償に多数の〈可能世界〉を招きいれるやり方には、グッドマンは真っ向から反対する。なぜなら、可能世界の実在化は唯一世界をいたずらに増やしただけの実在論の一種にすぎないから。多様なヴァージョンへ世界を解き放ったのは、可能世界なる「第二」の実在を捏造しないで、しかもこの具体的現実に密着するためなのである。

根本的相対主義（radical relativism）

世界にかかわりをもつことができるのは、それがある体系へ相対化されるかぎりにおいてである。存在論は体系への相対化によってはじめて意味をもつ。グッドマンのいう相対主義は、まずもって（カルナップやクワインにも多少とも共有された）こうした記号主義の格率にほかならない。ところで、知覚、科学理論、藝術などは、それぞれの流儀で体系であるうえに、それぞれにまた複数の形態がある。こうした複数のヴァージョンの各々に、固有な真理と正しさが属している。ここに二つの競合する科学理論があるとしよう。一方を他方へ翻訳したり、一方を他方の体系の一部へ組み入れたり、二つとも第三の体系へ還元したり、こうした理論構成上の算段が全部だめだとする。もちろん経験上のテストによっても、二つの優劣が決定できないとする。要するに、論理的・経験的なあらゆる手段がつくされてなお理論的競合が解消されないとする。グッドマンは、この場合、「どちらかを排除する決裁的な証拠がまだ見出されていない」という言い方より、「これら二つの理論はそれぞれに正しい」、という言い方を選ぶのである。ここに本来の意味における相対主義が現れるだろう。

8

以上にグッドマン哲学の輪郭をたどってみた。各人の問題関心におうじてここからさまざまな手掛かりを汲み取り、彼の狩りを新たに開始することは、もはや読者に委ねられた仕事に属する。

分析哲学のみならず広く現代思想のさなかで彼の業績を吟味する作業——たとえば、ヨーロッパの記号論の成果との付き合わせはその一環である——ももちろん大事だし、やや視野をかぎっていえば、彼と並び立つクワインやセラーズなど現代アメリカ哲学の巨匠たちとの対話を聴きとることも大切だろう。また、近年の言語理論、教育学、美学、心理学などはグッドマン哲学からすでに少なからぬ影響を受けており、この傾向には今後とも注目しなくてはならない。*

＊ 管見のかぎりでも、以下の著作には多分にグッドマンの影響が認められる。C. Z. Elgin, *With Reference to Reference*, Indianapolis: Hackett, 1983; Idem, *Considered Judgment*, Princeton: Princeton University Press, 1996; Idem, *Between the Absolute and the Arbitrary*, 1997, Ithaca and London: Cornell University Press; H. Gardner, *Art, Mind and*

Brain, New York: Basic Books, 1982 ; I. Scheffler, *Beyond the Letter*, London: Routledge & Kegan Paul, 1979; Idem, *Symbolic Worlds*, Cambridge: Cambridge University Press, 1997.

しかし、みずからの問題への単純な解答が彼の著作のどこかに記載されているなどと想像する者は、幻滅を味わうだろう。分析哲学の系譜における、論理実証主義から日常言語派や言語行為論への展開といった哲学史的常識や、モダニズムからポスト・モダニズムへという図式には簡単におさまりのつかない思想の質が、グッドマン哲学にはともなうように思われる。ここにはむしろ、常識や図式を疑うべしという教訓がよこたわる。

われわれが本書の狩りの成果をみずからのものにしながら、その探求を継続しうる、あるいは継続すべき課題の一、二を例としてあげてみたい。たとえば第一に、言語や記号の探求に従事してきた旧世代が、あたかも記号の働きが指示や代表に尽きるかのようにみなしてきたのに対し、グッドマンは記号の〈示し〉の次元へあかあかと照明を投じた。その成果は『世界制作の方法』にも、まことに興味深い、例示や表出、引用の分析などとして盛り込まれている。これは言語哲学における特筆すべき出来事だといっても誇張ではない。だが、この洞察が現在の正統的な言語理論や意味の理論へ何をつけくわえ、どのようにそれを再編成するかを、スタートにもどって再考することは手つかずのままである。*

＊　訳者は記号機能のプロトタイプを〈示し〉と捉える。この洞察から、言語哲学の諸問題やレトリックの問題などについて考察を重ねてきた。関心のある読者は、以下に挙げる文献を参照されたい。
菅野盾樹『恣意性の神話』勁草書房、一九九九／『新・修辞学』世織書房、二〇〇三／「指さしの記号機能はどのように発生するか――あるいは、〈ゆうちゃんの神話〉」、『現代思想』二〇〇四年七月号、青土社／「言語音の機能的生成」（近藤和敬との共著論文）、『大阪大学大学院人間科学研究科紀要』、三三号、二〇〇七、など。

第二に――これも一例にすぎない――グッドマンの議論でしばしば批判の的になってきたのは、その非実在論と相対主義だった。グッドマンは言う。ひとはヴァージョンを作りながら、同時に世界を作る、と。この〈世界制作〉なる概念がいかにも曖昧だという論者の批判に答えて、グッドマンはふたたび言う。われわれが世界を制作するという考えへの反対は、ふつう二つの相反するコンプレックスのせいで唱えられる、と。ひとつは、世界は私には手だしがいっさいできないほど完璧ですばらしいとするコンプレックス。もうひとつは、世界は私がその責任を問われるのは御免蒙りたいほどひどいというそれ。どちらも、グッドマンに言わせると、人間が制作するものは人間の思いのままになる、という誤謬に基づいているのだ。＊この指摘には新しい倫理の響きさえあるが、それはさておき、問題はむしろヴァージョンの彼岸が視界から失われた結果、悪い意味での相対主義がわれわれに降りかかってきたのではないかという懸念である。もちろん、正しさや適正《フィット》という規範はとっておかれている。しかしこの規範のなかみについてはまだ分明でない側面が残るし、と同時に、比較的に体系化や形式的考察をなしやすい〈理論〉や〈藝術〉の場合はともかく、複雑で微妙な含意をともなう〈自然言語〉や〈文化〉や〈行為〉の問題へ、彼の根本的相対主義がどのような展望を与えうるのか、必ずしも明らかではないのである。

＊ Goodman, 'On Starmaking,' *Synthese* 45 (1980), p. 213.

9

ここでグッドマンの略歴および関連の書誌にふれておきたい。

著者グッドマンは、一九〇六年八月七日、アメリカはマサチューセッツ州に生まれた。タフツ大学（一九二八）ならびに博士号（一九四一）を取得したのち、タフツ大学（一九四五—一九四六）、ペンシルヴェニア大学（一九四六—一九六四）、ブランダイス大学（一九六四—一九六七）、ハーヴァード大学（一九六七—一九七七）で哲学などを教えた。その後、一九九八年に没するまでハーヴァード大学の哲学名誉教授であった。この間、客員教授や講師として、母校をはじめ、ロンドン大学、プリンストン大学、オックスフォード大学、スタンフォード大学など、多数の大学で教壇に立っている。伝えられるところでは、兵役中は軍における心理学テストを指導したという。またハーヴァード大学で、藝術教育の基礎研究にあたる「プロジェクト・ゼロ」をみずから主宰していた。このプロジェクトは現在も後継者によって活動がつづけられている。マルチ・メディアを使った実演藝術を演出ならびに制作、ダンス・センターの創設など、藝術への実践的かかわりにも深いものがあった。これが履歴のあらましである。

つぎに、グッドマン哲学関連の文献をひろいだして掲出しておく。決して網羅的なものではないが、グッドマン研究のよすがに利用していただければ幸いである。

まず、これまでに刊行されたグッドマンの著作には次のものがある。ただし、多数の雑誌論文や共著に含まれた論考は除いてある。

A Study of Qualities（『性質の研究』）,（Ph.D. thesis）, Harvard University（ms）, 1941.
（後にグッドマンの新たな序文を付して、Garland Publishing 社から、一九九〇年に刊行された。）

The Structure of Appearance（『現象の構造』）, Harvard University, 1951; Second Edition, Indianapolis: Bobbes-Merrill, 1966; Third Edition, Dordrecht and Boston: Reidel, 1977.

Fact, Fiction, and Forecast, University of London: Athlone Press, 1954, Cambridge, MA: Harvard University Press, 1955; Second Edition, Indianapolis: Bobbes-Merrill, 1965; Fourth Edition, Cambridge and London: Harvard University Press, 1983.（雨宮民雄訳『事実・虚構・予言』、勁草書房、一九八七）

Languages of Art（『藝術の言語』）, Indianapolis: Bobbes-Merrill, 1968; Second Edition, Indianapolis: Hackett Publishing Co., 1976.

Problems and Projects（『問題と企画』）, Indianapolis: Bobbes-Merrill, 1972.

Ways of Worldmaking, Hassocks: The Harvester Press, 1978.（本訳書）

Of Mind and other Matters（『精神とその他のことがらについて』）, Cambridge and London: Harvard University Press, 1984.

Reconceptions in Philosophy and Other Arts and Sciences（『哲学と学藝の新たな構想』）, coauthored with C. Z. Elgin, London: Routledge, 1988.（菅野盾樹訳『記号主義』、みすず書房、二〇〇一）

Esthétique et connaissance; Pour changer de sujet（with C. Z. Elgin）, Paris: Édition de l'Éclat, 1990.

つぎに、グッドマン哲学の研究例について。我が国におけるグッドマン研究の公表された成果は、以前より多少増えつつあると言えるかもしれないが、今回は割愛せざるをえない。英米圏ではもちろんグッドマン哲学をめぐる論考の集成がいくつかでているので、主なものを以下に掲げよう。これ以外にももちろん、単独の研究論文や部分的にグッドマンへの集中的言及をふくむ著作、学位請求論文など、グッドマン研究の一翼をになう数多くの仕事があるが、これらもやはり今回は割愛する。

Runder, R. and Scheffler, I.（eds.）, *Logic and Art——An Essays in Honor of Nelson Goodman*, Indianapolis: Bobbes-Merrill, 1972.（巻末にこの刊行年までのグッドマン関連文献があげられている。）

Erkenntnis, The Philosophy of Nelson Goodman Part I and II, 12（1978）.（グッドマンの業績を全体にわたって多数の研究者が検討・批評した論文と、それらに対するグッドマン自身の答弁とをふくむ。）

The Journal of Philosophy, 76（1979）, no. 11.

Synthese, 45（1980）.

（右の二誌には、一九七九年十二月開催の、アメリカ哲学会の年次学会における『世界制作の方法』をめぐるシンポジウムの記録が収められている。)
Journal of Aesthetics and Art Criticism, 39 (1981).
Journal of Aesthetics Education, 25 (1), (1991).
(『世界制作の方法』をめぐる各家の考察を特集している。)
P. J. McCormick (ed.), *Starmaking——Realism, Anti-Realism, and Irrealism*, Cambridge: The MIT Press, 1996.
C. Z. Elgin (ed.), *Philosophy of Nelson Goodman*, 4 vols, New York: Garland Pub. 1997.
(唯名論、構成主義、相対主義、帰納、藝術の哲学、記号理論などのテーマに応じて、グッドマン哲学の考察や批判論文を四巻本として集大成したもの。各巻にエルギンが序文を書いている。)
D. Cohnitz and M. Rossberg, *Nelson Goodman*, Montreal & Kingston: McGill-Queen's University Press, 2006.

我が国の読書界にとり、哲学者グッドマンはまったくと言っていいほど無名の人物である。「グッドマン」といえば、さしずめジャズの音楽家ベニーか社会批評家のポールでしかない。そのうえ、我が国では、その名を当然わきまえている科学哲学の専門家の大方も、彼をもっぱら帰納にかんするあの〈グッドマンのパラドックス〉を案出したいっぷう変わった哲学者として、あるいは特異な唯名論の提唱者として言及するにとどめているようだ。最近、日本人研究者が全篇を執筆したことを謳い文句とする「哲学史」の叢書が刊行されつつあるが、旧弊はいっこうに是正されていない。欧米と日本におけるグッドマン研究の実績と評価には著しいアンバランスがある。

こうした状況のもとで、本訳書『世界制作の方法』が、驚くべき問題領域の広さと原理的一貫性をそなえたグッドマン哲学へのあらたな興味を呼び覚ますひとつのきっかけともなれば、この小さな訳業の使命は十分に果たされたことになるだろう。

＊ ここでとくに付記しておきたい。筆者がグッドマンの翻訳を刊行したことが機縁となって、故松本晋教授（京都産業大学）がかねてよりグッドマン研究に従ってこられたことを知った。その一端については、次を参照。松本晋「アメリカにおける論理実証主義とその批判的受容」（神野慧一郎編著『現代哲学のバックボーン』、勁草書房、一九九一、所収）。松本教授からはグッドマン哲学のある側面についてご教示をいただいた。オリジナルな文章の若干の誤りをこの補説で正すことができたのは教授の教示によるところが多い。いまは亡き教授にあらためて謝意を表させていただく。

「訳者解説」は旧稿「グッドマンの記号主義」（『恣意性の神話』勁草書房、一九九九、所収）に新しく加筆と修正を加えて成ったものである。

訳者あとがき

訳者は、学生時代、フランス現象学の業績を読むことで哲学研究の道に参入したが、しかし初めから、ほとんど独学で「分析哲学」あるいは「言語哲学」を学んできた。とりわけグッドマンの著述は、その思索が徹底的であるその分、独特のエスプリに富んでいることで訳者を魅了した。もちろん当初からグッドマンの本を翻訳しようと意図していたわけではない。しかし自らの研究を書物のかたちで世に問うという、研究者としての責務を最初に実現する機会を得たとき以来、グッドマンの業績を是非とも日本に紹介したいという願いをもつようになった。

どうしたらいいか分からないまま、まずグッドマン教授へ翻訳の許しを願いでる手紙を書いた。ほどなく教授から実務的な指示の返書があり、最終的にみすず書房の守田省吾氏に本書翻訳の企画を採用していただいた。この場を借りあらためて旧版の刊行にご尽力をいただいた守田氏に謝意を表したい。

刊行後何年かして本書旧版は品切れとなり、入手がきわめて困難になった。身近な学生から再刊の予定について訊ねられたこともある。また、哲学以外の分野で仕事をしている本書の読者がかなりいるらしい事実もわかった。そうこうするうち、訳者のなかで、本書を新たな形で世に送り出したいという想いが深くなった。そしてこの想いの焦点は、本格的な学術書を文庫のかたちで多数世に送り出している〈ちくま学芸文庫〉に収斂していった。

本書を〈ちくま学芸文庫〉に収めるについて、訳者の企図を了解され、企画そのものについても、また実務的にも、さまざまな助力をいただいた伊藤正明氏に感謝を申し上げたい。本書を仲立ちとして伊藤氏と初めて面識を得ることになったが、これも有難いことだった。

いまは本書が、さまざまな分野で、慎重にしかも柔軟にものごとを考え抜こうと志している多くの読者に迎えられることを、願うばかりである。

二〇〇七年十一月二十二日

索　引

（→は，指定された語を参照の意）

あ 行

アドリ色（bleen）183, 184, 224, 226, 227
アナクシマンドロス（Anaximander）178–180
アルバース（Albers, J.）69
アレン（Allen, W.）175, 183, 193 注(4)
アングル（Ingres, J. O. D.）33

言い替え（paraphrase），意味論的——（semantic ——）88–94, 99, 103, 104, 106–108, 112 注(10)
異書体をいれる記号系（allographic symbol system）98, 111 注(6)
異書体をいれる複数記号系（allographic multiple symbol system）98
一元論（monism），——者（monist）18, 175
一次的外延（primary extension）→外延
意味（meaning）82 注(5), 90, 92, 170, 171, 181
隠喩（metaphor），——的（metaphoric）28, 34, 43, 44, 67, 72, 80, 82 注(10), 131, 184, 186–190, 194 注(10), 197, 233, 234, 239
引用符（quotation mark）95, 96, 99–107, 110, 111 注(9)

ヴァージョン（version）第一章2節，42, 44–49, 147, 170–177, 182–186, 190, 192, 197–199, 203, 207, 211–215, 219, 221, 226, 229, 231–233, 248 注(20)
ヴァレジオ（Valesio, P.）81 注(2)
ヴァン・デル・ヴァールス（van del Waals, H. G.）140
ヴィヴァルディ（Vivaldi, A.）64
ヴィジョン（vision）第一章2節，134, 185, 192, 197
ウィトゲンシュタイン（Wittgenstein, L.）31
ヴェルトハイマー（Wertheimer, M.）139, 152
写し（replica）86, 92, 97–99, 101, 109, 111 注(3)
ウリアン（Ullian, J.）52 注(23), 244 注(2)
ウルマン（Ullman, S.）81 注(1)
運動探知器（motion-detector）140, 150

絵（picture）21, 24, 26, 28, 36, 44, 45, 48, 49, 52 注(23), 55, 57, 66–68, 70, 72, 73, 78, 80, 85, 93, 95–99, 101, 106–110, 116, 117, 119–122, 126–128, 132, 133, 135 注

(3), (7), 172, 184–186, 188, 190, 193 注(9), 197, 228–230, 232, 233, 242
永久（permanence）242
永続性（durability）220, 242
エーキンズ（Eakins, T.）72
エクスナー（Exner, S.）139
エーフェルディンフェン（van Everdingen, A. P.）69
エル・グレコ（El Greco）68
エルスナー（Elsner, A.）163 注(9)
演繹（deduction）222, 223, 225, 240
演奏（performance）30, 31, 36, 39, 57, 74, 76, 79, 101, 109
エンペドクレス（Empedocles）178–180

オブジェ・トゥルヴェ（objet trouvé）74, 83 注(13), 128
重みづけ（weighting）32, 33, 35, 37, 41, 42, 47, 183, 184
オルデンバーグ（Oldenburg, C. T.）128
音楽（music）30, 32, 34, 39, 55, 65, 70, 101, 103, 104, 106, 109, 110, 115, 184, 190, 197, 233

か 行

外延（extension）81 注(5), 93, 103, 135 注(6), 181, 182, 194, 195 注(10)
——指示（denotation）34, 45, 66, 68, 82 注(10), 89, 92, 95, 103, 104, 112 注(10), 131, 184–186, 189, 191, 193 注(9), 194, 195 注(10), 197, 227, 228, 233, 234, 238
——主義（extensionalism）193 注(3)
——的同一性（extensional identity）181
——的同型（extensional isomorphism）181, 193 注(6), 208
一次的——（primary extension）94, 103
二次的——（secondary extension）93, 94, 103, 111 注(4), (5)
絵画 →絵
回顧的構成説（retrospective construction）151, 152, 162, 163 注(8)
外的（external）→内的／外的
概念（concept）29, 39, 42, 45, 50, 57, 93, 98, 156, 181
——藝術（conceptual art）83 注(13), 113, 128
科学（science），——者（scientist），——的（scientific）21, 23–25, 38, 43, 46, 47, 75, 132, 172, 182, 184–186, 191, 218, 233, 242, 243, 249 注(27)
——法則（scientific law）216
楽譜（score）110
仮現運動（apparent motion）→見かけの変化　139, 140, 142, 145, 148–152, 160, 163 注(8), 168, 169, 211
型（type）90, 97
語り（saying）34, 43, 44, 55–60, 65, 66, 68–70, 73, 76, 80, 82 注(6), 92, 171, 190, 202, 204, 221
カッシーラー（Cassirer, E.）17–19, 23, 25, 26
カテゴリー把握（categorization）225–228, 230, 241
ガードナー（Gardner, H.）81 注(2)
カナレット（Canaletto）21
カニッツァ（Kanizsa, G.）164 注(14)

可能性（possibility）213
可能世界（possible world）19, 47, 174, 186–188, 195 注(11), 214
カハネ（Kahane, H.）247 注(17)
カルナップ（Carnap, R.）245 注(8)
環境藝術（environmental art），――家（environmental artist）128, 191
還元（reduction）23, 24, 46, 50 注(4), 146, 178–180, 182
感じ（feeling）62, 63, 65, 66, 68, 70, 72, 80, 189, 190, 239
感情→感じ　61, 62
間接引用（indirect quotation）85, 87, 99, 100, 103, 104, 106, 108
カント（Kant, I.）15, 25, 26, 51 注(8)
観念論者（idealist）212
慣例（convention）193 注(7), 205, 209, 213, 221

記号（symbol），――的（symbolic）→象徴　15, 17, 18, 25, 26, 34, 67, 72–76, 82 注(10), 98, 106, 108, 109, 113, 116–119, 127, 129–134, 135 注(7), 172, 173, 186, 189, 191, 193 注(9), 228, 234, 238, 240, 249 注(24)
記述（description），――する（describe）19–22, 61, 65, 68, 69, 86, 93, 104, 119, 137, 171, 179, 183, 185, 186, 189, 190, 192, 200, 205, 210–213, 226, 229, 231–234, 240, 242, 243
基底に横たわる世界（the underlying world）22
基底部にある鈍重なもの（something stolid underneath）25, 174
帰納（induction）31, 33, 183, 222–228, 230, 235, 237, 240, 241
ギブソン（Gibson, J. J.）148, 248 注(19)
共義的な名辞（symcategorematic term）170
強調（emphasis）32, 33, 35, 41, 44, 46, 102, 104, 183, 187
虚構（fiction）19, 90, 168, 186–188, 190, 194, 195 注(10), 233

具象体（concreta）30, 47, 180
具象的（representational）120, 121
――作品（representational work）116, 120
クーチュラ（Kutschera, F. v.）247 注(17)
グッドマン（Goodman, N.）52 注(23), 81 注(5), 227
クラーク（Clark, K.）82 注(11)
クラス（class）29, 32, 173, 184, 245 注(9)
グリュッサー（Grüsser, O. -J.）162 注(7)
グリュッサー＝コーネルズ（Grüsser-Cornhels, U.）162 注(7)
クワイン（Quine, W. V.）245 注(8)

経験論（empiricism）15
形式（form），――的（formal）66, 69, 70, 80, 122, 125, 127, 190
形而上学（metaphysic）185
藝術（art）25, 47, 49, 61, 67, 74, 77, 78, 83 注(13), 113, 115–118, 120, 123, 127–134, 135 注(7), 136 注(9), 172, 184, 185, 191, 243, 249 注(27)
――家（artist）21, 37, 56, 77, 116, 129
――作品（works of art）34, 65,

73, 74, 76, 80, 83 注(13), 115, 117, 123, 126–129, 133, 134, 198, 239, 249 注(27)
——哲学 (philosophy of art) 185
ケネディー (Kennedy, J.) 164 注(14)
言及 (mention) 85
言語学 (linguistics) 186
言語の画像理論 (picture theory of language) 185
現実運動 (real-motion) 140, 141, 148–150, 160, 169
現実世界 (actual worlds) 19, 47, 173, 174, 186–188, 198
検証 (test) 22, 27, 30, 42, 214, 217, 218, 221, 238–242
現象主義者 (phenomenalist) 46
原生世界 (the aboriginal world) 182
言明 (statement) 21, 42, 44, 52 注(23), 58, 70, 82 注(10), 86, 105, 107, 136 注(8), 192, 197–202, 204–216, 218, 219, 222, 224, 225, 230–234, 242–244 注(2), 246 注(10), (12), 247 注(16), 249 注(26)
原理主義者 (fundamentalist) 168

構成 (construction) 164 注(16), 180–182
公正さ (fairness), ——な (fair) 第七章6節, 240, 241
構成的定義 (constructive definition) 181
合成 (composition) 184
合理論 (rationalism) 15
小切れ (swatch) 75, 123, 125, 130, 234, 235, 238
個体 (individual) →唯名論
ゴッホ (van Goch, V.) 21
ゴヤ (Goya, F.) 68, 115, 188
コラーズ (Kolers, P.) 14, 40, 52 注(20), 139, 141–143, 145, 146, 148, 149, 151–154, 159–161 注(1), 162 注(5), (6), (7), (8), 168
コロー (Corot, J. C.) 71
コンスタブル (Constables, J.) 24, 242
ゴンブリッチ (Gombrich, E. H.) 26, 37, 50 注(6), 81 注(1), 242, 247 注(18)

さ　行

再現 (representation), ——する (represent) 111 注(7), 115, 116, 119–121, 127, 182
削除 (deletion) 37, 39, 41, 46, 183
作曲 (composition) 56, 57
サックス (Sacks, S.) 81 注(2)
座標系 (frame of reference) 19–21, 203, 205, 209, 226, 227, 230

詩 (poem, poetry) 34, 67, 73, 80, 132, 184, 190
シェフラー (Scheffler, I.) 14, 111 注(1), 194 注(10), 244 注(3), 247 注(13)
ジェームズ (James, W.) 18
視覚系 (visual system) 146, 148
シグマン (Sigman, E.) 165 注(16)
指示 (reference), —— する (refer) 28, 34, 44, 45, 51 注(9), 52 注(15), 71, 82 注(10), 89, 90, 92, 94–96, 98, 101, 112 注(10), 116, 117, 131, 132, 134, 189, 240, 242, 248 注(22)
事実 (fact) 170, 171, 185, 205, 212,

233
——の作製（fabrication of facts） 167, 168, 192
自書体のみの記号系（autographic symbol system） 98, 111 注(6)
自書体のみの単一記号系（autographic singular symbol system） 98
システム（system）→体系
実在論者（realist） 212
実存主義（existentialism） 15
実体（substance） 27, 178, 180
実用主義者（pragmatist） 218
示し（showing），示す（show） 34, 44, 45, 67
ジャコメッティ（Giacometti, A.） 37
写実的（realistic） 229, 230
写真（photograph） 98
シャルダン（Chardin, J. S.） 188
種（kind） 27, 28, 30–34, 37, 46, 47, 51 注(9), (14), 183, 187, 189, 200, 237, 239, 241
習慣（habit） 47, 177, 183, 225, 226, 230, 237
——の守り（entrenchment） 225
主観性（subjectivity） 243
主題（subject） 34, 55–60, 66, 68–70, 82 注(6), 115, 116, 188, 191, 197
述語（predication），——づける（predicate） 26, 28, 44, 45, 88–92, 94, 99, 104, 107, 183, 185, 224, 225, 227, 229, 234, 248 注(21), (22)
順序づけ（ordering） 35–37, 41, 153, 163 注(8), (10), 179, 183, 189
純粋主義者（purist） 118–120, 126, 127, 136 注(8)
ジョイス（Joyce, J.） 64
使用（use） 85
象徴（symbol），——する（symbolize），——的（symbolic）→記号 114–117, 119, 120, 127
——藝術 115
書記体（inscription） 90, 97, 98, 109, 111 注(3)
シルバースタイン（Silverstein, C.） 163 注(9)
真である（true） 19, 20, 42, 44, 45, 52 注(23), 105, 199–203, 206, 213–215, 221, 224, 244 注(2), 245 注(4), 246 注(10), 247 注(16)
信念（belief） 42, 43, 49, 220, 228, 240, 246 注(12)
神秘主義（mysticism） 15
信憑性（credibility） 219–221, 246 注(12)
真理（truth） 15, 42–45, 86, 168, 172, 187, 192, 194 注(10), 197–199, 203, 206, 212, 第七章 3,4 節, 229–231, 233, 234, 240, 242, 243, 249 注(27)

スクワイアーズ（Squiers, P. C.） 152
スタージス（Sturgis, K.） 38, 63, 64
スーチン（Soutine, C.） 232
スッピス（Suppes, P.） 14
スーラ（Seurat, G.） 243

生気論（vitalism） 15
整合性（coherence） 217, 220, 221
正当化（justification） 241
世界（a world, the world, worlds） 第一章, 81, 134, 146, 171, 172, 第六章 2 節, 180, 184, 186, 189, 191, 199, 207, 212, 213, 219, 221, 231–234, 239
——制作（worldmaking） 18, 27,

34, 37, 42, 49, 110, 134, 161, 172-174, 177, 183-186, 189, 190, 197, 228, 233, 240
——像（picture of the world）185, 190
セザンヌ（Cezanne, P.）229
セルバンテス（Cervantes, M.）188

相対化（relativisation）201, 203, 206, 207
相対主義（relativism）15, 172, 173
相対性（relativity），相対的（relative）30, 47, 183, 219, 243, 244 注(1), 245 注(6), (7)
素朴実在論者（naive relaist）168

た 行

体系（system）20, 21, 23, 24, 30, 31, 35, 43, 45, 69, 98, 104, 106-108, 110, 132, 173, 182, 201, 203, 206-209, 225, 226, 228-230, 243
代替しうる，——可能な（alternative）20, 42, 46, 48, 172, 173, 179-182, 192, 199, 210, 219
代表（representation），—— する（represent）34, 44, 66, 68, 116, 119, 121, 185, 227-234, 240, 248 注(20)
ダーウィン（Darwin, C.）188
多義性（ambiguity）199, 244 注(3)
多元論（pluralism），——者（pluralist）18, 23, 24, 174, 175
正しい（right）24, 45-47, 172, 173, 176, 192, 197, 208, 215, 222-226, 230-234, 237, 240-243, 248 注(20)
正しさ（rightness）22, 45, 198, 207, 208, 217, 222-225, 227, 229, 230, 233, 234, 239-244 注(1), 249 注(27)
妥当性（validity）222-224, 228
ダメット（Dummet, M.）247 注(13)
ダリ（Dali, S.）115
タルスキー（Tarski, A.）42
タレス（Thales）177, 179, 182, 183
単一記号系（singular symbol system）97, 111 注(6)
短絡理論（short-circuit theory）146

知覚（perception）15, 22, 24-26, 36, 38-40, 46, 47, 49, 77, 79, 80, 140, 148-152, 154, 156, 158-163 注(8), 170-172, 183, 184, 233
チャーチ（Church, A.）105
抽象絵画（abstract art）34, 65, 120, 188, 189
稠密（dense）130, 135 注(7), 249 注(24)
直接引用（direct quotation）85, 86, 95-97, 99, 103, 105, 106, 108

綴り（spelling）97, 109

適合（fit）31, 232, 233, 240-242
デ・ヘーム（de Heem, J. O.）69
デモクリトス（Democritus）178, 180
デューラー（Dürer, A.）229

同一性（identity）158, 160, 164 注(15), 208
同義性（synonymy）57, 81 注(3), 181
同型（isomorphism）→外延的同型
投射（projection），——可能性（projectability），——可能な（projectable）79, 183, 184, 224, 226-228,

237-239, 241
ドガ（Degas, E.）239
ドーミエ（Daumier, H.）33, 64
トムソン（Thomson, G.）30
ドン・キホーテ（Don Quixote）186-188, 194 注(10)
ドン・ファン（Don Juan）187, 194 注(10)

な　行

名（name）28, 86-88, 90, 93, 105, 184, 185
——づける（name）34, 82 注(6), 89, 90, 185
内的／外的（internal/external）66, 121, 122, 125, 127, 205, 221
内容（content）26, 55-57, 60, 70, 82 注(5), (6), 193 注(7), 205, 221
ナポレオン（Napoleon）187

二元論（dualism）15
二次的外延（secondary extension）93, 94, 103
ニュートン（Newton, I.）188
認識論（epistemology）185

ネイゲル（Nagel, A.）135 注(5)

は　行

ハイドン（Haydn, F. J.）41, 79
パーキンズ（Perkins, D.）81 注(2)
バークリー（Berkeley, G.）25
パース（Peirce, Ch. S.）53 注(24), 247 注(13)
派生（derivation）182, 183
発見（discovery）43, 48, 49, 79, 80, 185
発言（utterance），——する（utter）90, 100, 106, 109, 111 注(3)
パットナム（Putnam, H.）14
ハーディ（Hardy, T.）79
ハーナディ（Hernadi, P.）135 注(5)
ハフ（Hough, G.）56, 81 注(3), 82 注(8)
バリー（Bally, C.）82 注(8)
パルメニデス（Parmenides）178, 180
バロック（baroque）71
ハワード（Howard, V.）14, 81 注(2), 112 注(10)
ハンソン（Hanson, N.）176

美（beauty）233, 234
ビアズリー（Beardsley, M.）111 注(7), 194 注(9)
ピエロ・デルラ・フランチェスカ（Pierro della Francesca）34, 68
美学（aesthetics）77, 78
ピカソ（Picasso, P.）40
非実在論（irrealism）15
ピッツ（Pitts, W. H.）162 注(3)
必然性（necessity）213
描写（depiction），——する（depict）21, 22, 34, 44, 45, 56, 69, 82 注(6), 85, 115, 119, 185, 186, 189, 190, 192, 197, 229, 230, 232
表出（expression），——する（express），——された（expressed）34, 52 注(15), 61-70, 73, 76, 120, 121, 123, 127, 135 注(3), 184, 189-191, 197, 240
ピラト（Pilate）42
ヒルシュ・ジュニア（Hirsch, E. D., Jr.）57, 81 注(4)
ヒーロン（Heron, P.）69

フェヒト（Fecht, W.）162 注(7)
フェルメール（Vermeer, J.）69
フォン・グルノ（von Grunau, M.）153
複数記号系（multiple symbol system）98, 111 注(6)
物理主義（physicalism）173
——者　23, 193 注(2)
プラトン主義（platonism）174, 193 注(8)
ブラームス（Brahms, J.）40
フランクリン（Franklin, B.）72
ブルーナー（Bruner, J.）26, 50 注(7)
分節記号系（articulate symbol system）249 注(24)

ヘイデン（Heyden, J., van der）69
ベック（Beck, J.）163 注(9)
ベートーヴェン（Beethoven, L. v.）110
ヘラクレイトス（Heraclitus）178
ベラスケス（Velazquez, D.）40
ヘロドトス（Herodotus）202
変形（deformation）40, 143, 147, 148, 150, 183, 189
ヘンル（Henle, M.）164 注(14)

ホイスラー（Whistler, J. M.）71
ホイットマン（Whitman, W.）69
ボイル（Boyle, R.）42
法則（law）43, 45, 49, 216
補充（supplementation）37, 39, 40, 143, 146, 149–152, 163 注(8), 183
ボス（Bosch, H.）115, 119, 188
ボズウェル（Boswell, J.）188
ホッブズ（Hobbes, Th.）175
ホプキンズ（Hopkins, G. M.）78
ポランニー（Polanyi, M.）53 注(25)
ホルバイン（Holbein, H.）79
ポルライウオーロ（Pollaiuolo, A.）63, 64
ボロディン（Borodin, A. P.）71
本質主義（essentialism）15
翻訳（translation）21, 36, 105, 106, 171, 226

ま　行

マクローチ（McCulloch, W. S.）162 注(3)
マッカーシー（McCarthy, M.）113
マツラナ（Maturana, H. K.）162 注(3)
マンテーニャ（Mantegna, A.）68

見かけの変化→仮現運動　142, 143, 160
ミドオ色（grue）31, 33, 34, 183, 184, 224, 226, 227, 235, 241
ミドカ色（gred）224
身振り（gesture）28, 85, 110, 184
見本（sample）67, 75, 123–126, 129–131, 189, 234–241, 248 注(23)

無限（infinity）178

メナシュ（Menashe, S.）191

模写（copy）97–99
モンドリアン（Mondrian, P.）44, 239

や　行

唯物論（materialism）15
唯名論（nominalism）48, 51 注(14),

173, 174, 192 注(2), 193 注(3), (8)
有用性（utility）217–220
ユトリロ（Utrillo, M.）232

様式（style）第二章, 184

ら 行

ライナス（Llinas, R.）162 注(7)
ラファエロ（Raphael）243
ラベル（label）28, 72, 185, 188, 234, 237, 248 注(21)
ランガー（Langer, S.）50 注(1)
ランダー（Runder, R.）194 注(10)
ランド（Land, E. H.）164 注(16)

理解（understanding）49, 185, 228
理論（theory）30, 43, 45, 56, 63, 147, 148, 151, 176, 197, 213, 236, 249 注(27)
——負荷的（theory-laden）176
リンズィー（Lindsay, V.）44
リンチ（Lynch, K.）52 注(16)

類似, ——性（similarity, likeness, resemblance）, ——する（resemble）141–143, 153, 170, 229, 230, 239
ルイス（Lewis, C. I.）15
ルオー（Rouault, G.）33

例示（exemplification）, ——する（exemplify）34, 45, 52 注(15), 67–70, 73, 75, 76, 82 注(10), 126, 127, 130, 131, 135 注(4), 184, 189–191, 194 注(10), 197, 234, 237–240, 248 注(22)
レットヴィン（Lettvin, J. Y.）162 注(3)
レネ（Resnais, A.）71
レンダリング（rendering）198, 244 注(1)
レンブラント（Rembrandt）34, 78, 96, 99, 133

ロココ（rococo）71
ロック（Rock, I.）165 注(16)
ローティ（Rorty, R.）50 注(3)
ローロフス（Roelofs, C. O.）140

本書は一九八七年十月三十日みすず書房より刊行
されたものに、大幅に手を入れたものである。

ミメーシス（上）
E・アウエルバッハ
篠田一士／川村二郎訳
西洋文学史より具体的なテクストを選び、文体美学を分析・批評しながら、現実描写を追求する。全20章の前半のホメーロスよりラ・サールまで。

ミメーシス（下）
E・アウエルバッハ
篠田一士／川村二郎訳
ヨーロッパ文学における現実描写の流れをすばらしい切れ味の文体分析により追求した画期的文学論。全20章の後半、ラブレーよりV・ウルフまで。

人間の条件
ハンナ・アレント
志水速雄訳
人間の活動的生活を《労働》《仕事》《活動》の三側面から考察し、《労働》優位の近代世界を思想史的に批判したアレントの主著。（阿部齊）

革命について
ハンナ・アレント
志水速雄訳
《自由の創設》をキイ概念としてアメリカとヨーロッパの二つの革命を比較・考察し、その最良の精神を二〇世紀の惨状から救い出す。（川崎修）

暗い時代の人々
ハンナ・アレント
阿部齊訳
自由が著しく損なわれた時代を自らの意思に従い行動し、生きた人々。政治・芸術・哲学への鋭い示唆を含み描かれる普遍的人間論。（村井洋）

責任と判断
ハンナ・アレント
ジェローム・コーン編
中山元訳
思想家ハンナ・アレント後期の未刊行論文集。人間の責任の意味と判断の能力を考察し、考える能力の喪失により生まれる〈凡庸な悪〉を明らかにする。

政治の約束
ハンナ・アレント
ジェローム・コーン編
高橋勇夫訳
われわれにとって「自由」とは何であるのか――。政治思想の起源から到達点までを描き、政治的経験の意味に根底から迫った、アレント思想の精髄。

プリズメン
Th・W・アドルノ
渡辺祐邦／三原弟平訳
「アウシュヴィッツ以後、詩を書くことは野蛮である」。果てしなく進行する大衆の従順化と、絶対的物象化の時代における文化批判のあり方を問う。

スタンツェ
ジョルジョ・アガンベン
岡田温司訳
西洋文化の豊饒なイメージの宝庫を自在に横切り、愛・言葉そして喪失の想像力が表象に与えた役割をたどる。21世紀を牽引する哲学者の博覧強記。

事物のしるし
ジョルジョ・アガンベン
岡田温司／岡本源太訳

パラダイム・しるし・哲学的考古学の鍵概念のもと、「しるし」の起源や特権的領域を探求する。私たちを西洋思想史の彼方に誘うユニークかつ重要な一冊。

アタリ文明論講義
ジャック・アタリ
林昌宏訳

歴史を動かすのは先を読む力だ。混迷を深める現代文明の行く末を見通し対処するにはどうすればよいのか。「欧州の知性」が危難の時代を読み解く。

時間の歴史
ジャック・アタリ
蔵持不三也訳

日時計、ゼンマイ、クオーツ等。計時具から見えてくる人間社会の変遷とは？ J・アタリが「時間と暴力」「暦と権力」の共謀関係を大柄に描く大著。

風水
エルネスト・アイテル
中野美代子／中島健訳

中国の伝統的思惟では自然はどのように捉えられているのか。陰陽五行論・理気二元論から説き起こし、風水の世界を整理し体系づける。（三浦國雄）

コンヴィヴィアリティのための道具
イヴァン・イリイチ
渡辺京二／渡辺梨佐訳

破滅に向かう現代文明の大転換はまだ可能だ！ 人間本来の自由と創造性が最大限活かされる社会をどう作るか。イリイチが遺した不朽のマニフェスト。

メディアの文明史
ハロルド・アダムズ・イニス
久保秀幹訳

粘土板から出版・ラジオまで。メディアの深奥部に潜むバイアス＝傾向性が、社会の特性を生み出す。大柄な文明史観を提示する必読古典。（水越伸）

重力と恩寵
シモーヌ・ヴェイユ
田辺保訳

「重力」に似たものから、どのようにして免れればよいのか……ただ「恩寵」によって。苛烈な自己無化への意志に貫れた、独自の思索の断想集。ティボン編。

工場日記
シモーヌ・ヴェイユ
田辺保訳

人間のありのままの姿を知り、愛し、そこで生きたい――女工となった哲学者が、極限の状況で自己犠牲と献身について考え抜き、克明に綴った、魂の記録。

青色本
L・ウィトゲンシュタイン
大森荘蔵訳

「語の意味とは何か」。端的な問いかけで始まるこのコンパクトな書は、初めて読むウィトゲンシュタインとして最適な一冊。（野矢茂樹）

法の概念〔第3版〕
H・L・A・ハート
長谷部恭男訳
法とは何か。ルールの秩序という観念でこの難問に立ち向かい、法哲学の新たな地平を拓いた名著。批判に応える「後記」を含め、平明な新訳でおくる。

生き方について哲学は何が言えるか
バーナド・ウィリアムズ
森際康友／下川潔訳
倫理学の中心的な諸問題を深い学識と鋭い眼差しで再検討した現代における古典的名著。倫理学はいかに変貌すべきか、新たな方向づけを試みる。

思考の技法
グレアム・ウォーラス
松本剛史訳
知的創造を四段階に分け、危機の時代を打破する真の思考のあり方を究明する。『アイデアのつくり方』の源となった先駆的名著、本邦初訳。（平石耕）

ポパーとウィトゲンシュタインとのあいだで交わされた世上名高い10分間の大激論の謎
デヴィッド・エドモンズ／ジョン・エーディナウ
二木麻里訳
このすれ違いは避けられない運命だった？　二人の思想の歩み、そして大激論の真相に、ウィーン学団の人間模様やヨーロッパの歴史的背景から迫る。

言語・真理・論理
A・J・エイヤー
吉田夏彦訳
無意味な形而上学を追放し、〈分析的命題〉か〈経験的仮説〉のみを哲学的に有意義な命題として扱おう。初期論理実証主義の代表作。（青山拓央）

大衆の反逆
オルテガ・イ・ガセット
神吉敬三訳
二〇世紀の初頭、《大衆》という現象の出現とその功罪を論じながら、自ら進んで困難に立ち向かう《真の貴族》という概念を対置した警世の書。

啓蒙主義の哲学（上）
エルンスト・カッシーラー
中野好之訳
理性と科学を「人間の最高の力」とみなし近代を準備した啓蒙主義。「浅薄な過去の思想」との従来評価を覆し、再評価を打ち立てた古典的名著。

啓蒙主義の哲学（下）
エルンスト・カッシーラー
中野好之訳
啓蒙主義を貫く思想原理とは何か。自然観、人間観から宗教、国家、芸術まで、その統一的結びつきを鋭い批判的洞察で解明する。（鷲見洋一）

近代世界の公共宗教
ホセ・カサノヴァ
津城寛文訳
一九八〇年代に顕著となった宗教の〈脱私事化〉。五つの事例をもとに近代における宗教の役割と世俗化の意味を再考する。宗教社会学の一大成果。

死にいたる病　S・キルケゴール　桝田啓三郎訳
死にいたる病とは絶望であり、絶望を深く自覚し神の前に自己をすてる。実存的な思索の深まりをデンマーク語原著から訳出し、詳細な注を付す。

世界制作の方法　ネルソン・グッドマン　菅野盾樹訳
世界は「ある」のではなく、「制作」されるのだ。芸術・科学・日常経験・知覚など、幅広い分野で徹底した思索を行ったアメリカ現代哲学の重要著作。

新編 現代の君主　アントニオ・グラムシ　上村忠男編訳
労働運動を組織しイタリア共産党を指導したグラムシ。獄中で綴られたそのテキストから、いま読み直されるべき重要な29篇を選りすぐり注解する。

孤島　ジャン・グルニエ　井上究一郎訳
「島」とは孤独な人間の謂。透徹した精神のもと、話者の綴る思念と経験が啓示を放つ。カミュが本書との出会いを回想した序文を付す。（松浦寿輝）

ウィトゲンシュタインのパラドックス　ソール・A・クリプキ　黒崎宏訳
規則は行為の仕方を決定できない――このパラドックスの懐疑的解決こそ、『哲学探究』の核心である。異能の哲学者によるウィトゲンシュタイン解釈。

ハイデッガー『存在と時間』註解　マイケル・ゲルヴェン　長谷川西涯訳
難解をもって知られる『存在と時間』全八三節の思考を、初学者にも一歩一歩追体験させ、高度な内容を読者に確信させ納得させる唯一の註解書。

色彩論　ゲーテ　木村直司訳
数学的・機械論的近代自然科学と一線を画し、自然の中に「精神」を読みとろうとする特異で巨大な自然観を示した思想家・ゲーテの不朽の業績。

倫理問題101問　マーティン・コーエン　榑沼範久訳
何が正しいことなのか。医療・法律・環境問題等、私たちの周りに溢れる倫理的なジレンマから101の題材を取り上げて、ユーモアも交えて考える。

哲学101問　マーティン・コーエン　矢橋明郎訳
全てのカラスが黒いことを証明するには？　コンピュータと人間の違いは？　哲学者たちが頭を捻った101問を、譬話で考える楽しい哲学読み物。

日常生活における自己呈示
アーヴィング・ゴフマン
中河伸俊/小島奈名子訳
私たちの何気ない行為にはどんな意味が含まれているか。その内幕を独自の分析手法によって赤裸々なまでに明るみに出したゴフマンの代表作。新訳。

解放されたゴーレム
ハリー・コリンズ/トレヴァー・ピンチ
村上陽一郎/平川秀幸訳
科学技術は強力だが不確実性に満ちた「ゴーレム」である。チェルノブイリ原発事故、エイズなど7つの事例をもとに、その本質を科学社会的に繙く。

存在と無(全3巻)
ジャン=ポール・サルトル
松浪信三郎訳
人間の意識の在り方(実存)をきわめて詳細に分析し、存在と無の弁証法を問い究め、実存主義を確立した不朽の名著。現代思想の原点。

存在と無 I
ジャン=ポール・サルトル
松浪信三郎訳
I巻は、「即自」と「対自」が峻別される緒論「存在の探求」から、「対自」としての意識の基本的在り方が論じられる第二部「対自存在」まで収録。

存在と無 II
ジャン=ポール・サルトル
松浪信三郎訳
II巻は、第三部「対他存在」を収録。私と他者との相剋関係を論じた「まなざし」論をはじめ、愛、憎悪、マゾヒズム、サディズムなど具体的な他者論を展開。

存在と無 III
ジャン=ポール・サルトル
松浪信三郎訳
III巻は、第四部「持つ」「為す」「ある」を収録。この三つの基本的カテゴリーとの関連で人間の行動を分析し、絶対的自由を提唱。(北村晋)

公共哲学
マイケル・サンデル
鬼澤忍訳
経済格差、安楽死の幇助、市場の役割など、私達が現代の問題を考えるのに必要な思想とは？ハーバード大講義で話題のサンデル教授の主著、初邦訳。

パルチザンの理論
カール・シュミット
新田邦夫訳
二〇世紀の戦争を特徴づける「絶対的な敵」殲滅の思想の端緒を、レーニン・毛沢東らの《パルチザン》戦争という形態のなかに見出した画期的論考。

政治思想論集
カール・シュミット
服部平治/宮本盛太郎訳
現代新たな角度で脚光をあびる政治哲学の巨人が、その思想の核を明かしたテクストを精選して収録。権力の源泉や限界といった基礎もわかる名論文集。

生活世界の構造
アルフレッド・シュッツ／トーマス・ルックマン
那須壽監訳
「事象そのものへ」という現象学の理念を社会学研究で実践し、日常を生きる「普通の人びと」の視点から日常生活世界の「自明性」を究明した名著。

死と後世
サミュエル・シェフラー
森村進訳
われわれの死後も人類が存続するであろうこと、それは想像以上に人の生を支えている。二つのシナリオをもとに倫理の根源に迫った講義。本邦初訳。

哲学ファンタジー
レイモンド・スマリヤン
高橋昌一郎訳
論理学の鬼才が、軽妙な語り口ながら、切れ味抜群の思考法で哲学から倫理学まで広く論じた対話篇。哲学することの魅力を堪能しつつ、思考を鍛える！

ハーバート・スペンサーコレクション
ハーバート・スペンサー
森村進編訳
自由はどこまで守られるべきか。リバタリアニズムの源流となった思想家の理論の核が凝縮された論考を精選し、平明な訳で送る。文庫オリジナル編訳。

ナショナリズムとは何か
アントニー・D・スミス
庄司信訳
ナショナリズムは創られたものか、それとも自然なものか。この矛盾に満ちた心性の正体を、世界的権威が徹底的に解説する。最良の入門書、本邦初訳。

日常的実践のポイエティーク
ミシェル・ド・セルトー
山田登世子訳
読書、歩行、声。それらは分類し解析する近代的知が見落とす、無名の者の戦術である。領域を横断し、秩序に抗う技芸を描く。（渡辺優）

反解釈
スーザン・ソンタグ
高橋康也他訳
《解釈》を偏重する在来の批評に対し、《形式》を感受する官能美学の必要性をとき、理性や合理主義に対する感性の復権を唱えたマニフェスト。

ウォールデン
ヘンリー・D・ソロー
酒本雅之訳
たったひとりでの森の生活。そこでの観察と思索の記録は、いま、ラディカルな物質文明批判となり、精神の主権を回復する。名著の新訳決定版。

聖トマス・アクィナス
G・K・チェスタトン
生地竹郎訳
トマス・アクィナスは何を成し遂げたのか。一流の機知とともに描かれる人物像と思想の核心。専門家からも賞賛を得たトマス入門の古典。（山本芳久）

論語
土田健次郎訳注
至上の徳である仁を追求した孔子の言行録『論語』。原文に、新たな書き下し文と明快な現代語訳、解釈史を踏まえた注と補説を付した決定版訳注書。

声と現象
ジャック・デリダ
林好雄訳
フッサール『論理学研究』の綿密な読解を通して、「脱構築」「痕跡」「差延」「代補」「エクリチュール」など、デリダ思想の中心的〝操作子〟を生み出す。

歓待について
ジャック・デリダ
アンヌ・デュフールマンテル序論
廣瀬浩司訳
異邦人＝他者を迎え入れることはどこまで可能か？　ギリシャ悲劇、クロソウスキーなどを経由し、この喫緊の問いにひそむ歓待の（不）可能性に挑む。

動物を追う、ゆえに私は（動物で）ある
ジャック・デリダ
マリ＝ルイーズ・マレ編
鵜飼哲訳
動物の諸問題を扱った伝説的な講演を編集したデリダ晩年の到達点。聖書や西洋哲学における動物観を分析し、人間の「固有性」を脱構築する。（福山知佐子）

省察
ルネ・デカルト
山田弘明訳
徹底した懐疑の積み重ねから、確実な知識を探り世界を証明づける。哲学入門者が最初に読むべき、近代哲学の源泉たる一冊。詳細な解説付新訳。

哲学原理
ルネ・デカルト
山田弘明／吉田健太郎／久保田進一／岩佐宣明訳・注解
『省察』刊行後、その知のすべてが記された本書は、デカルト形而上学の最終形態といえる。第一部の新訳と解題・詳細な解説を付す決定版。

方法序説
ルネ・デカルト
山田弘明訳
「私は考える、ゆえに私はある」。近代以降すべての哲学は、この言葉で始まった。世界中で最も読まれている哲学書の完訳。平明な徹底解説付。

社会分業論
エミール・デュルケーム
田原音和訳
人類はなぜ社会を必要としたか。社会はいかにして発展するか。近代社会学の嚆矢をなすデュルケーム畢生の大著を定評ある名訳で送る。（菊谷和宏）

公衆とその諸問題
ジョン・デューイ
阿部齊訳
大衆社会の到来とともに公共性の成立基盤は衰退した。民主主義は再建可能か？　プラグマティズムの代表的思想家がこの難問を考究する。（宇野重規）

旧体制と大革命
A・ド・トクヴィル　小山勉訳
中央集権の確立、パリ一極集中、そして平等を自由に優先させる精神構造――フランス革命の成果は、実は旧体制の時代にすでに用意されていた。

ニーチェ
ジル・ドゥルーズ　湯浅博雄訳
〈力〉とは差異にこそその本質を有している――ニーチェのテキストを再解釈し、尖鋭なポスト構造主義的イメージを提出した、入門的な小論考。

カントの批判哲学
ジル・ドゥルーズ　國分功一郎訳
近代哲学を再構築してきたドゥルーズが、三批判書を追いつつカントの読み直しを図る。ドゥルーズ哲学が形成される契機となった一冊。新訳。

基礎づけるとは何か
ジル・ドゥルーズ　國分功一郎／長門裕介／西川耕平編訳
より幅広い問題に取り組んでいた、初期の未邦訳論考集。思想家ドゥルーズの「企画の種子」群を紹介し、彼の思想の全体像をいま一度描きなおす。

スペクタクルの社会
ギー・ドゥボール　木下誠訳
状況主義――「五月革命」の起爆剤のひとつとなった芸術＝思想運動――の理論的支柱で、最も急進的かつトータルな現代消費社会批判の書。

ニーチェの手紙
茂木健一郎編・解説　塚越敏／眞田収一郎訳
哲学の全歴史を一新させた偉人が、思いを寄せる女性に綴った真情溢れる言葉から、手紙に残した名句まで――書簡から哲学者の真の人間像と思想に迫る。

生のなかの螺旋
ロバート・ノージック　井上章子訳
吟味された人生を生きることは自らの肖像画をつくること。幸福、死、性、知恵など、多様な問題をめぐって行われた一級の哲学的省察。（吉良貴之）

存在と時間（上）
M・ハイデッガー　細谷貞雄訳
哲学の根本課題、存在の問題を、現存在としての人間の時間性の視界から解明した大著。刊行時すでに哲学の古典と称された20世紀の記念碑的著作。

存在と時間（下）
M・ハイデッガー　細谷貞雄訳
第一編で「現存在の準備的な基礎分析」をおえたハイデッガーは、この第二編では「現存在と時間性」として死の問題を問い直す。（細谷貞雄）

「ヒューマニズム」について
M・ハイデッガー　渡邊二郎訳
『存在と時間』から二〇年、沈黙を破った哲学者の後期の思想の精髄。「人間」ではなく「存在の真理」の思索を促す、書簡体による存在論入門。

ドストエフスキーの詩学
ミハイル・バフチン　望月哲男／鈴木淳一訳
ドストエフスキーの画期性とは何か？《ポリフォニー論》と《カーニバル論》という、魅力にみちた二視点を提起した先駆的著作。（望月哲男）

表徴の帝国
ロラン・バルト　宗左近訳
「日本」の風物・慣習に感嘆しつつもそれらを〈零度〉に解体し、詩的素材としてエクリチュールとシーニュについての思想を展開させたエッセイ集。

エッフェル塔
ロラン・バルト　宗左近／諸田和治訳　伊藤俊治図版監修
塔によって触発される表徴を次々に展開させることで、その創造力を自在に操る、バルト独自の構造主義的思考の原形。解説・貴重図版多数併載。

エクリチュールの零度
ロラン・バルト　森本和夫／林好雄訳註
哲学・文学・言語学など、現代思想の幅広い分野に怖るべき影響を与え続けているバルトの理論的主著。詳註を付した新訳決定版。（林好雄）

映像の修辞学
ロラン・バルト　蓮實重彦／杉本紀子訳
イメージは意味の極限である。広告写真や報道写真、そして映画におけるメッセージの記号を読み解き、意味を探り、自在に語る魅惑の映像論集。

ロラン・バルト　モード論集
ロラン・バルト　山田登世子編訳
エスプリの弾けるエッセイから、初期の金字塔『モードの体系』に至る記号学的モード研究まで。初期のバルトの才気が光るモード論考集。オリジナル編集・新訳。

呪われた部分
ジョルジュ・バタイユ　酒井健訳
「蕩尽」こそが人間の生の本来的目的である！　思想界を震撼させ続けたバタイユの主著、45年ぶりの待望の新訳。沸騰する生と意識の覚醒へ！

エロティシズム
ジョルジュ・バタイユ　酒井健訳
人間存在の根源的な謎を、鋭角で明晰な論理で解き明かす、バタイユ思想の核心。禁忌とは、侵犯とは何か？　待望久しかった新訳決定版。

宗教の理論
ジョルジュ・バタイユ
湯浅博雄 訳
聖なるものの誕生から衰滅までをつきつめ、宗教の根源的核心に迫る。文学、芸術、哲学、そして人間にとって宗教の〈理論〉とは何なのか。

純然たる幸福
ジョルジュ・バタイユ
酒井健 編訳
著者の思想の核心をなす重要論考20篇を収録。文庫化にあたり「クレー」「ヘーゲル弁証法の基底への批判」「シャプサルによるインタビュー」を増補。

エロティシズムの歴史
ジョルジュ・バタイユ
湯浅博雄／中地義和訳
三部作として構想された『呪われた部分』の第二部。荒々しい力〈性〉の禁忌に迫り、エロティシズムの本質を暴く、バタイユの真骨頂たる一冊。（吉本隆明）

エロスの涙
ジョルジュ・バタイユ
森本和夫 訳
エロティシズムは禁忌と侵犯の中にこそあり、それは死と切り離すことができない。二百数十点の図版で構成されたバタイユの遺著。（林好雄）

呪われた部分　有用性の限界
ジョルジュ・バタイユ
中山元 訳
『呪われた部分』草稿、アフォリズム、ノートなど15年にわたり書き残した断片。バタイユの思想体系の全体像と精髄を浮き彫りにする待望の新訳。

入門経済思想史　世俗の思想家たち
R・L・ハイルブローナー
八木甫ほか 訳
何が経済を動かしているのか。スミスからマルクス、ケインズ、シュンペーターまで、経済思想の巨人たちのヴィジョンを追う名著の最新版訳。

分析哲学を知るための
哲学の小さな学校
ジョン・パスモア
大島保彦／高橋久一郎訳
数々の名テキストで哲学ファンを魅了してきた分析哲学界の重鎮が、現代哲学を総ざらい！　思考や議論の技を磨きつつ、哲学史を学べる便利な一冊。

表現と介入
イアン・ハッキング
渡辺博 訳
科学にとって「在る」とは何か？　科学は真理を捉えられるのか？　現代哲学の鬼才が20世紀を揺るがした問いの数々に鋭く切り込む！　（戸田山和久）

社会学への招待
ピーター・L・バーガー
水野節夫／村山研一訳
社会学とは、「当たり前」とされてきた物事をあえて疑い、その背後に隠された謎を探求しようとする営みである。長年親しまれてきた大定番の入門書。

創造的進化

アンリ・ベルクソン
合田正人／松井久訳

生命そして宇宙は「エラン・ヴィタル」を起爆力に、自由な変形を重ねて進化してきた——。生命概念を刷新したベルクソン思想の集大成的主著。

道徳と宗教の二つの源泉

アンリ・ベルクソン
合田正人／小野浩太郎訳

閉じた道徳／開かれた道徳、静的宗教／動的宗教への洞察から、個人のエネルギーが人類全体の倫理的行為へ向かう可能性を問う。最後の哲学的主著新訳。

笑い

アンリ・ベルクソン
合田正人／平賀裕貴訳

「おかしみ」の根底には何があるのか。主要四著作に続き、多くの読者に読みつがれてきた本著作の最新訳。主要著作との関連も俯瞰した充実の解説付。

精神現象学（上）

G・W・F・ヘーゲル
熊野純彦訳

人間精神が、感覚的経験という低次の段階から「絶対知」へと至るまでの壮大な遍歴を描いた不朽の名著。平明かつ流麗な文体による決定版新訳。

精神現象学（下）

G・W・F・ヘーゲル
熊野純彦訳

人類知の全貌を綴った哲学史上の一大傑作。四つの原典との頁対応を付し、著名な格言を採録した索引を巻末に収録。従来の解釈の遥か先へ読者を導く。

道徳および立法の諸原理序説（上）

ジェレミー・ベンサム
中山元訳

快と苦痛のみに基礎づけられた功利性の原理から、個人および共同体のありようを分析する。近代功利主義の嚆矢をなす記念碑的名著をついに完訳。

道徳および立法の諸原理序説（下）

ジェレミー・ベンサム
中山元訳

法とは何のためにあるのか？　科学に立脚して立法と道徳を問いなおし、真に普遍的な法体系を打ち立てんとするベンサムの代表作を清新な訳文で送る。

象徴交換と死

J・ボードリヤール
今村仁司／塚原史訳

すべてがシミュレーションと化した高度資本主義像を鮮やかに提示し、〈死の象徴交換〉による、その内部からの〈反乱〉を説く、ポストモダンの代表作。

経済の文明史

カール・ポランニー
玉野井芳郎ほか訳

市場経済社会は人類史上極めて特殊な制度的所産である——非市場社会の考察を通じて経済人類学に大転換をもたらした古典的名著。（佐藤光）

暗黙知の次元
マイケル・ポランニー
高橋勇夫訳

非言語的で包括的なもうひとつの知。創造的な科学活動にとって重要な〈暗黙知〉の構造を明らかにしつつ、人間と科学の本質に迫る。新訳。

現代という時代の気質
エリック・ホッファー
柄谷行人訳

群れず、熱狂に翻弄されることなく、しかし自分自身の内にこもることなしに、人々と歩み、権力と向きあっていく姿勢を、省察の人・ホッファーに学ぶ。

リヴァイアサン（上）
トマス・ホッブズ
加藤節訳

各人の各人に対する戦いから脱し、平和と安全を確立すべく政治的共同体は生まれた。その仕組みを分析した不朽の古典を明晰な新訳でおくる。全二巻。

リヴァイアサン（下）
トマス・ホッブズ
加藤節訳

キリスト教徒の政治的共同体における本質と諸権利、そして「暗黒の支配者たち」を論じて大著は完結する。近代政治哲学の歩みはここから始まった。

知恵の樹
H・マトゥラーナ／F・バレーラ
管啓次郎訳

生命を制御対象ではなく自律主体とし、自己創出を良き環と捉え直した新しい生物学。現代思想に影響を与えたオートポイエーシス理論の入門書。

社会学的想像力
C・ライト・ミルズ
伊奈正人／中村好孝訳

なぜ社会学を学ぶのか。抽象的な理論や微細な調査に明け暮れる現状を批判し、個人と社会を架橋する学という原点から問い直す重要古典、待望の新訳。

パワー・エリート
C・ライト・ミルズ
鵜飼信成／綿貫譲治訳

エリート層に権力が集中し、相互連結しつつ大衆社会を支配する構図を詳細に分析。世界中で読まれる階級論・格差論の古典的必読書。（伊奈正人）

メルロ＝ポンティ・コレクション
モーリス・メルロ＝ポンティ
中山元編訳

意識の本性を探究し、生活世界の現象学的記述を実存主義的に企てたメルロ＝ポンティ。その思想の粋を厳選して編んだ入門のためのアンソロジー。

知覚の哲学
モーリス・メルロ＝ポンティ
菅野盾樹訳

時代の動きと同時に、哲学自体も大きく転身した。それまでの存在論の転回を促したメルロ＝ポンティ哲学と現代哲学の核心を自ら語る。

ちくま学芸文庫

世《せ》界《かい》制《せい》作《さく》の方《ほう》法《ほう》

二〇〇八年二月十日　第一刷発行
二〇二四年六月五日　第八刷発行

著者　ネルソン・グッドマン
訳者　菅野盾樹（すげの・たてき）
発行者　喜入冬子
発行所　株式会社　筑摩書房
東京都台東区蔵前二―五―三　〒一一一―八七五五
電話番号　〇三―五六八七―二六〇一（代表）
装幀者　安野光雅
印刷所　株式会社精興社
製本所　株式会社積信堂

ISBN978-4-480-09125-3 C0110